왜 두 마리를 낳았어?

왜 두 마리를 낳았어?

아빠가 기록한 지난 7년의 부모와 자녀 성장기

김호동 지음

○
차
례

책을 열며
"그러엄~ 내가 아빠 책 나오기를 얼마나 기다리고 있는데~?" 10

세 살, 한 살부터
여섯 살, 네 살

2011. 4. 7. 15 | 층간소음은 이제 바이~짜이찌엔~ 17 | 의외의 대답 18 | 합체 1 22 | 달팽이 24 | 읽어주다 목이 메어 눈물을 삼켜야 했던, Love You Forever 26 | 합체 2 27 | 임신중에 먹고 싶다 하는 음식중 이런거 들어보셨나요? 28 | 적절한 잔소리? 30 | 각각의 의미 32 | 아빠~, 나 귓속말할게 있어 34 | 돼지책, 앤서니 브라운씨 이러기에요? 36 | 딜레마 38

일곱 살, 다섯 살

깜짝쇼 43 | 아들아, 엄마 하나 드리라니까~ 44 | 엄마아, 꼬추가 살랑~ 살랑~ 해~ 45 | 하루에 한 시간 46 | 딸내미의 버릇 48 | 작은 신뢰 쌓아가기 훈련 50 | 녀석만의 방법 52 | 그래도 아빠엄만 두 마리여서 행복하단다~ 54 | 아빠~, 아빠는 왜 두 번만 닦아? 55 | 유아 노동력 착취 현장 56 | 이사 후 1년..., 층간소음이 뭐야? 58 | 아토피, 넌더리나는 녀석과 맞짱뜨다! 60 | 아빠, 나 괜찮아요. 걱정마세요 63 | 아~아~ 마이쎄쓰 마이쎄쓰 64 | 살인 미소 65 | 책 읽어주기 1 66 | 귀가한 아빠 손에 68

여덟 살, 여섯 살

아토피 한방치료 70 | 누나 75 | 아빠, 할 말있으니까 잠깐 방으로 가요 76 | 손톱에 붙여놨음 좋겠다 78 | 이렇게 자랐으면 좋겠구나 80 | 포옹 1 81 | 양반다리 1 82 | 물들어올 때 노저었더니 83 | 농가진과 아다리 86 | 분노의 롤라질 89 | 간지러워도 좋아요? 90 | 결혼했으니까 91 | 개구리와 두꺼비 92 | 마시멜로 94 | 무지개친구들 96 | 아빠가 있으면 잘 할 수 있을 것 같은데... 97 | 골든타임 100 | 어제 데이트해서 그러는고야? 103 | 내가 할거야 104 | 진성포경 105 | 필담 106 | 윤회 109 | 손잡고 걷기 110 | 하긴 나도 아빠가 무섭다 111 | 트리가 왜 이렇게 작아? 112 | 산타할아버지에게 드리는 선물 114 | 포옹 2 116

아홉 살, 일곱 살

양반다리 2 119 | 성형수술과 염색 권하는 아들 120 | 책 읽어주기 2 123 | 딸기귀신 1 124 | 변기 닦는 남자 126 | 아빠냄새 127 | 심봤다! 128 | 딸내미와의 데이트 130 | 할아버지 133 | 우리집 여자들 134 | 온천과 아토피 이야기 136 | 토닥임 139 | 마법의 손 140 | 생애 두번째 애완동물 햄스터와 약속 이야기 142 | 아빠도 회사 안 가면 안돼? 145 | 내가 챙겨줄까? 146 | 콘 아이스크림 148 | 맘모스빵 149 | 2박3일 후 150 | 햄스터를 데려온 후 세 달 152 | 아빠도 만화 그리면 안 돼? 154 | 대화 156 | 크리스마스 리스 158 | 마법천자문 160 | 각자의 사연 161 | 오레오와 산타할아버지 164 | 눈싸움 166

열 살, 여덟 살

아빠, 언제 와? 171 | 이번엔 내가 사줄께 174 | 돼지책을 떠올렸던걸까? 176 | 발등댄스와 쟈나쟈나 178 | 왜 뷔페를 주말에 왔어? 180 | 배웅 182 | 협상 184 | 말만한 딸내미 188 | 따로 재우기 190 | 십 분 센 척 192 | 아내가 놀러갔다 195 | 목욕탕 198 | 중년에 접어든 햄스터, 초로 200 | 모두에게 있을 법한 기억, 실이 주는 공포 202 | 아이들과 아빠만 떠난 유명산자연휴양림 205 | 5박6일간의 반려견 이야기 208 | 쿵쿵쿵 210 | 수능날이라 두근두근, 대학병원가는 날이라 두근두근 214 | 서른 여덟 번째 빙봉 216 | 큰 맘먹은 크리스마스 선물과 가족회의 217 | 딸기귀신 2 220

열한 살, 아홉 살

개학날 아침, 대성통곡 223 | 쿵짝 226 | 국내산이 어디야? 228 | 너무 늦게는 오면 안돼에 230 | ○○○○ 않았지만 좋은 아빠야 234 | 아빠가 ○○○니까 은색을 써야지 236 | 자전거? 아빠가 가르쳐주셨어 238 | 점심메뉴는 뭐야아? 240 | 오랜만에 우리끼리만 찾은 휴양림에서 242 | 콜라의 위력 244 | 아빠가 어떻게 알아? 주웠다며 246 | 오무라이스 잼잼과 소시지전 248 | 또 하나를 체득하다 250 | 이빨 요정 253 | 절대 들어오지 마라 256 | 다 같이 할 수 있는 거잖아 258 | 주 52시간 근무제가 바꾸는 것 260 | 햄스터 떠나보내기, 이 년 만에 우리 곁을 떠난 초로 263 | 아이유에게 배우는 방책, 아이와의 약속 264 | 피자 두 조각 268 | 아이유에게 배우는 방책, 아이와의 약속 뒷 이야기 270 | 사우나가는 길, 무서운 것과 잘해주는 것 272 | 엄마표 도시락 275 | 사건일지 278 | 말린 망고 283 | 나도 나중에 살림해야 하니까 연습해야지 284 | 남편들이란 286 | 닭강정과 고약한 취향 288

책을 열며

"그러엄~
 내가 아빠 책 나오기를 얼마나 기다리고 있는데~?"

진심 어린 딸내미의 대답이 생생합니다.
세상에! 정말 책으로 엮어내다니.

솔직히 저는 종이책으로 나올 수 있으리라 생각하지 못했습니다. 실현된 건, 오롯이 아내와 딸내미의 권유와 독려, 응원 그리고 의지 덕분입니다. 시작은 딸이었고 마무리는 아내였습니다. 가장 많은 에피소드를 빚어내는 것으로 제 몫 단단히 한 둘째도 빼놓을 수 없고요. 저는 그저 따랐습니다.

딸애가 열한 살 때 제가 블로그를 하고 있다는 사실을 알았습니다. 휴양림을 메인 주제로 삼은 블로그에 양념으로 쓰기 시작했던 일상이었는데, 붙잡더니 키득거리며 몇 년 치를 내리읽고서는 아내와 함께 그러는 겁니다.

"아빠, 이거 책으로 엮으면 안 돼?"

우리 이야기니까 재밌게 느껴지는 거라며 손사래를 쳤는데 아니랍니다. 아이 키우거나 키운 집이면 누구라도 재미있을 거라고요. 생각해 보니, 많은 블로그 이웃들이 댓글과 공감으로 크게 호응해 준 글은 대부분 아이들과의 에피소드였어요. 아이들 이름 대신 딸, 아들, 첫째, 둘째로 했던 때문이었을까요. 소소한 에피소드들이 읽는 이 자신과 아이들의 이야기를 떠올리게 했었나 보구나 짐작만 합니다. '맞다, 우리도 저런 순간들이 있었는데' 라며 말이지요.

에피소드마다 여러 블로그 이웃들과 이런저런 이야기를 나누며 이제껏 계속 해올 수 있었고, 덕분에 아이들이 자라는 모습을 오랫동안 찬찬히 들여다본 운 좋은 아빠가 됐습니다. 기억에서 사라질 뻔한 많은 순간들이 기록으로 남았구요. 별것 아닌 듯한 일상이라고 해도 기록의 힘과 축적의 시간이 만나면 놀라움이 된다는 사실을 다시금 알았습니다. 이곳을 빌어 고마움을 전합니다.

반복해서 읽다 보니 아이들과의 성장기이자 부부의 성장기였다는 생각이 들었습니다. 부모 노릇은 난생처음인 부부가 상황마다 머리를 맞대 의논한 것들이 행간에 스며있습니다. 결혼과 반려자에 대해 생각하는 분 들, 아이를 가져야 할까 또는 하나만 낳아 잘 기를까 생각하는 분들, 곧 아이를 맞이할 분들께 작은 도움이 됐으면 좋겠다는 맹랑한 바람도 가져봅니다.

미흡하고 투박합니다. 글도, 교정도, 편집도, 표지도 모두 저희 부부와 아이들

손으로 했거든요. 어설퍼도 넷이 꼬물거려서 책으로 펴내는 마무리까지 해냈다는 데 의미를 두려 합니다. 올해 결혼기념일 앞뒤로 책을 만들자는 아내의 배수진이 아니었다면 유야무야됐을 겁니다. 딸내미와 아내에게 묻고 묻고 또 물었던 질문으로 마무리를 대신합니다.

"진짜 아빠 블로그에서 우리 지난 이야기들 읽으면 재밌어?"
"우리가 아니고 다른 가족의 이야기라고 해도 재미있게 읽겠어?"

사랑합니다. 당신들 덕분입니다.
고맙습니다. 이웃들 덕분입니다.

2021년 가을,

김 호 동

사진을 함께 보면 좋은 에피소드는 QR코드를 실어 촬영만으로 블로그로 바로 갈 수 있도록 했습니다. 활용하신다면 보다 재미있게 읽을 수 있지 않을까 싶어요.

세 살, 한 살부터
여섯 살, 네 살

2011. 4. 7.

한 마디였다. 엊그제 아내가 '요즘은 블로그에 글 안 써? 재밌었는데... 흥미롭고' 그 말에 힘을 얻어 다시 시작해본다.

아이가 하나일 때는 몰랐다. 그런데 딸내미보다 더 아기인 둘째가 태어나자 절감하게 된다.. 이런 거다. 아들은 젖 달라고 운다. 딸은 동생한테 눈길 주지 말고 자기 보라고 울고... 내게는 한 녀석도 안 오고... 결국 아내는 둘째를 안아서 젖을 물리고 딸을 눕혀서 팔을 한쪽 내준다. 딸내미는 엄마 팔 쓰다듬기를 무척 좋아한다.

젖 주려니 등은 약간 구부려야 하고, 다리는 한쪽 접어서 막내를 받쳐야 하고, 젖 먹는 아들놈 코 막힐까 봐 한 손으로 잡아줘야 하고, 나머지 한쪽 팔은 딸에게 내줘야 하고...

둘째가 젖을 다 먹기 전까지는 제대로 움직이지도 못한다. 그 광경을 보고 있자면 찡하다. 측은하고 불쌍하다는 생각이 막 든다. 어떤 아빠들은 '나는 아이들을 보려 하는데, 녀석들이 엄마만 찾는다' 며 오히려 속으론 쾌재를 부르기도 한다는데, 난 미안하기만 하다. 그런 상황이 한바탕 지나가면, 해줄 수 있는 것은 아내를 꼬옥 안아주는 것과 '미안하다, 그리고 고맙다' 라는 말뿐이다.

내가 아이를 보는 행위도 중요하지만, 이처럼 그렇지 못한 상황이 생겼을 때 '뭐... 내가 어쩔 수 있는게 아니' 라며 치부해버리지 않는 게 더 중요하다고 생각한다. 입장을 바꾸어서, 내가 하루에도 몇 번씩 한 녀석에겐 젖을 물리고 다른 녀석에게는 한쪽 팔을 내주고 일정 시간 꼼짝없이 앉아있어야 한다고 상상해 보는거다.

늘 그런 태도를 유지하기는 어렵겠지만, 의식적으로라도 노력한다. '미안하다 그리고 고맙다' 라고 진심으로 생각할 수 있기를, 그런 진심이라면 눈빛으로, 말 없는 포옹 한 번으로도 전달될 수 있다고 믿기 때문이다.

층간소음은 이제 바이~짜이찌엔~

아이들은 깨끔발을 딛고 다녀야 했다. 침대에서, 소파에서 뛰어내리기는 언감생심. 달그락거리는 놀이는 무조건 두께 5cm 짜리 매트 위에서 해야 했고, 뭐라도 떨어뜨렸다 싶으면 줍는 게 먼저가 아니라 자동으로 엄마 아빠를 쳐다봤다.

엄마는 집안일을 하면서도 늘상 소리에 신경을 써야 했다. 조금이라도 소리가 나게 된다 싶으면 주의를 줘야 했고 거실과 아이들 방에 네다섯 장의 두터운 매트를 깔아주고 그곳에서 놀 것을 종용했다. 아이가 얼마든지 뭔가를 떨어뜨릴 수 있는 건데, 언제부턴가 찡그린 채 돌아보게 됐다. 어린아이들을 동반하는 손님의 방문은 무척이나 부담스러웠다.

불과 며칠 만에 아이들은 완벽 적응했다. 온 집을 뛰어다니고 빨리 뛰어야 하니 깨끔발도 사라졌다. 침대와 소파에서 뛰어내리기는 물론이요, 또봇들을 쓰러뜨리고 내던지며 훨씬 실감나게 놀아제낄 뿐 아니라, 심지어 밖에서나 갖고 놀던 작은 축구공을 닦더니 거실에서 축구를 하고 있다.

엄마는 소음에 관한 한 할게 없어졌다. 아니 원래부터 하지 않았어도 될 일, 이제사 안하게 됐다는 것이 맞겠지. 이제 아이들 딸린 손님들과의 회동은 우리 집이란다.

그래, 조금... 아니 제법 좁아도 마음 편하게 살자.
여보, 딸, 아들, 그간 고생 많았어요.

의외의 대답

추석을 지내고 난 후, 지쳤을 아내의 심신(?)을 좀 달래주고자 호텔 패키지를 다녀왔다. 호텔과 연결된 대형 쇼핑몰에서 몰링도 할 수 있고, 마침 어린아이들을 위해 만들어놓은 무료 놀이 공간도 많은 곳이었던지라 좀 무리가 되지마는 큰 맘먹고 예약을 넣어놨었다.

첫날을 보내는데... 이건 뭐 휴식이 아니라 애들 쫓아다니느라 집에 있는 것보다 배는 힘들다. 실내 놀이터에 넣어놔도 아직 너무 어려서 계속 지켜봐야 했다. '아니... 이래서야, 좀 쉬라고 온 건데 피로만 더 쌓고 가는 거 아닌가...?' 하는 생각에 아이들이 잠들고 난 후 캔맥주를 까먹으며 넌지시 와이프에게 물어봤다.

"명절에 쌓인 거 쉬면서 풀라고 온 건데, 애들 쫓아다니느라 더 힘들게 됐네...? 그런데도 불과 1박이지만 이렇게 나온 게 좋아?"

애 엄마 입장에서는 1박이라고 해도, 가져갈 짐 꾸려야지 다녀와서 또 풀어놔야지 신경 쓸 게 많을 테니 한 번 떠봤던 건데, 의외의 대답이 돌아왔다.

"그러엄~! 오늘은 뭐 해먹어야 하나라는 끼니 걱정 안 하는 게 어딘데...? 도대체 몇 끼 걱정을 안 해도 되는 거야?"

그랬다.
짐을 싸고 풀어야 하는 번거로움보다도,

애들이 지쳐 쓰러지도록 재미있게 놀 기회란 것보다도, 삐까뻔쩍한 호텔에서 호사스럽게 누리는 하룻밤이란 사실보다도, 한 가정의 엄마라는 명찰을 차게 된 후부터 벗어던질 수 없는 '끼니 걱정'에서 하루나마 자유로울 수 있다는 것에 이 정도의 의미를 두고 있었던 거다. 몰라서 미안하고, 그래도 묵묵히 챙겨주어 고맙고, 불평 한마디 없이 지내주어 마음이 짠... 하다.

노력하고 있지만, 용돈 좀 더 아껴 써야겠다. 가끔은 어설프더라도 팔 걷어붙이고 한 끼 해서 대접해야겠다.

관점의 차이

여지없이 아이들은 저렇게 해놨다. 누구 말마따나 아이들은 어지르는데 타고 났다는 말이 어울린다. 퇴근하고 들어와서도 애들이 자기 전까지 두 번 정도 저런 상태를 치우게 되니, 아내는 도대체 몇 번을 치울까? 어질러진 집을 매번 꾸역꾸역 치우는 아내를 보곤 따라 치우다 보니 조금 습관이 붙어 아내 말처럼 이제는 제법 잘 치우는 수준(?)까지는 됐지만, 이게 보통 일이 아니더라.

우리 애들이 어지르는 것인데도 자신의 기분 상태에 따라 아주 짜증 나는 경험이기도 하다. 분명 아내도 그럴진대, 별말 없이 묵묵히 정리하는 것을 보곤 물었다.

"귀찮지도 않아? 어떻게 그리 매번 정리해놔? 그냥 내버려 둬, 어차피 자기 전까지는 애들이 갖고 놀며 또 그렇게 될 텐데"

이 질문에, 치우던 손을 멈추지 않고 돌아보며 아내가 답한다.

"다시 와서 맘껏 어지르며 놀라고 정리하는 건데...?"

그랬다. 어질러서 집 안이 지저분하니 치우는 게 아니라, 아이들이 다시금 어지르며 재밌게 놀 수 있도록 치운다는 거다. 같은 상황을 바라보는 관점이 완전히 달랐던 거다. 뒤통수를 제대로 한 대 맞은 것 같았다. 부끄러웠다.

'내가 이상하고 메마른 놈인가...'

'아빠와 엄마는 이래서 다른 건가?'
'이 사람이 특출난 생각을 가진 것일까…'
'과연 다른 엄마들도 아내처럼 생각하는 걸까…'

생각이 바뀌면 행동이 바뀌고, 행동이 바뀌면 습관이 바뀐다더니, 그 이야기를 들은 후부터 전보다 더 열심히 치운다. 잘 치워진 놀 거리들을 다시금 풀어헤치고 늘어놓으며 해맑게 웃고 다닐 아이들을 상상하니까 이따금 드는 귀찮음이나 짜증스러움도 말끔히 없어졌다.

합체 1

아들놈은 변신 합체 로봇 '또봇'의 광팬이다. 다른 집의 경우를 보면 '파워레인저' 같은 특촬물에 열광한다는데, 우리 애들은 또봇에 홀려 있다. 얼마나 빠져 있는지 아들 녀석이 부리는 진상 중에 가장 강도가 센 것이 또봇 애니를 보다가 중간에 꺼야 할 때다.

또봇 주제가는 물론이요, "또봇 트랜스포메이션!", "합체", "스파이더~ 건!", "OO라고 그러더라구~" 등 극 중 대사들을 줄줄 외우며 역할 놀이를 한다. 할아버지 할머니를 졸라 받은 장난감은 하루에도 몇 번씩 그리고 자기 전에도 끼고 논다. 옷, 식기, 색칠 놀이 책, 미로 놀이 책 등 온갖 아이템을 또봇으로 도배하고 있다. 개인적으로는 '이건 중독 수준이다' 싶은데, 이런 현상이 일상에 얼마나 파고들었는가 하면, 이렇다.

오전 반차를 내고 느지막이 출근하던 어느 날. 아침을 먹고 있던 애들 앞에서 와이프와 포옹을 했다. '하루에 한 번 1분 이상 아내와 포옹하기'가 생각나서 그랬던 건데, 아들놈이 그 모습을 한동안 보더니 입꼬리 한쪽을 올리며 시크하게 한 마디 던진다.

"아빠, 왜 엄마 안아주는 고야?"

아내랑 난 못 들은 척하고 계속 끌어안고 있었는데, 아들 녀석이 또 한 마디 던지는 거다.

"합체하는 건가?"

난 '얘가 뭔 소리를 하는 거야?' 하고 있는데, 아내가 쿡쿡거리더니 바닥에 쓰러져 뒹굴며 깔깔거린다. 그제야 어떤 맥락이었는지 감이 오고, 그 광경을 본 아들 녀석은 멋쩍은 듯 실눈 떠가며 헤헤거리고 있고. 오랜만에 분위기 잡고 포옹 한 번 해보나 싶었건만!

달팽이

딸애가 달팽이를 그렸다.

아빠 : 오옵~ 잘 그렸네. 그런데, 달팽이가 지고 다니는 집이 너무 작은 거 아니니? 달팽이가 집에 못 들어갈 것 같아.
딸 : (뭔 소리야 이게 작다니라는 듯한 표정)
엄마 : 우리 집이 좁아서 그래, 애들도 아는 거지. (허탈한 듯 오버해 어깨를 들썩이며)킬킬킬킬~
아빠 : 뭔 소리야~?
딸 : 안 작아, 충분히 들어갈 수 있어~

지금 사는 곳에 들어올 때, 빠듯한 전세금에 바짝 말라버린 전세시장에서 간신히 잡은 터라 앞뒤 볼 것 없이 뛰어들어왔었다. 매입한 후 이십 년 가까이 한 번도 들여다본 적 없다는 집주인에, 집을 어두운 동굴에 거지꼴로 하고 살던 전세입자에, 연수기 없이는 양치할 물을 입에 머금기도 어려운 녹물에, 좁아터진 부엌을 고려한다는 건 배부른 소리였다.

둘째를 임신한 중이었던 아내는 '애들이 어릴 때니까 이 집도 괜찮아' 라며 오히려 나를 위로했지만 어디 마음이 그랬을까. 형광등을 돌려 빼려면 해묵은 등기구가 부서져 내려 결국 모두 손수 교체하고 전 세입자의 아이들이 스케치북으로 썼던 방문 때문에 페인트 사다 직접 칠하며 삼 년 넘게 보내는 동안, 애들이 하나에서 둘이 되고 녀석들이 커가면서 집은 좁아지고 있었다.

집에서 두 녀석이 잘 노는 듯 보여 '그래, 아직은 애들이 어리니까 괜찮아'라고 자위하다가도, 인근의 본가, 처가, 친구들의 집을 다니면서 경험하는 화장실 두 개 있는 넓은 집은 녀석들에게도 우리 집을 무척 좁고 답답하게 느끼게 했나 보다. 다른 집 간다면 좋아하고, 자고 온다면 더 좋아하고, 몇 번이고 우리 집 화장실은 왜 한 개냐고 묻는 걸 보면.

아이들의 바람 때문이었던 건지, 직장 때문에 이사를 하게 됐고 멀리 가는 덕(?)에 빚을 또 얻지 않고서도 지금보다 넓은 집을 구할 수 있었다. 아이들은 드디어 화장실이 두 개 딸린 집에서 뛰놀게 되었고, 아내는 좁아터진 부엌에서 해방되었고 나는 자전거를 타고 출퇴근할 수 있게 됐다.

시간이 흐르면, 딸내미는 등에 진 집이 큼지막한 달팽이를 그리게 될까?

읽어주다 목이 메어 눈물을 삼켜야 했던,
Love You Forever

매일 저녁 아이들에게 잠자리에 들자면서 '자~ 읽을 책 골라서 들어오세요~' 라고 한다. 이제는 습관이 되어서 그날 읽고 싶은 책을 세 권씩 알아서들 뽑아서는 침실로 들어온다. 예전에는 내용이 짧아 십오 분이면 충분했지만, 요즘은 제법 긴 책들이 있어서 삼십 분 가까이를 드러누운 채로 읽어야 할 때도 많다.

책을 통해서 아이들에게 매일 책 읽어주기가 얼마나 중요하고 큰 영향을 끼치는 것인지 알게 됐고 아이들이 내 목소리를 들으면서 잠들 수 있다는 것에 큰 의미를 두고 있었기에 천정을 보고 누워서 읽느라 팔 아프고, 소리 내어 이십 분 이상 읽느라 목도 아프지만 아내도 나도 꾸준히 해오고 있다.

그러던 중 딸애가 들고 온 낯선 책을 만나게 됐는데, 두께도 얇고 해서 내심 '쾌재'를 부르고는 짧은 김에 다이나믹하게 감정 실어 읽었다. 그런데...

별 내용도 아니고 문장도 계속 반복되는 아주 평이한 책이었는데... 삼분의 부근을 넘어가는 순간, 목소리가 나오지 않는다. 차오르는 눈물보다 목이 메어 읽을 수가 없었다. 몇 초 정도 조용히 있자, 딸애가 나를 쳐다보더니 '아빠, 왜 울어?' 하는데, 간신히 잡고 있던 눈물이 주르륵 흐른다. 한동안 진정한 후에야 간신히 읽기를 마칠 수 있었는데, 그때의 느낌을 설명하기가 참 어렵다.

아이들용 도서가 아니다. 책 말미의 이 책에 대한 에피소드는 울림이 크다. 혹시 구해서 읽어볼 분들이 있다면, 소리 내어 한 문장 한 문장 읽어보길 권한다.

합체 2

또봇. 지난 크리스마스 특수 때 무려 공중파까지 탔다. 아이들 선물 상위 열 개 중 절반은 또봇이, 나머지 절반은 레고가 차지했다는 보도가 나올 정도였다. 애들에게도 무려 세 대가 더 추가됐다. 할아버지, 할머니가 손주들에게 점수 따는 데 가장 효과적인 또봇을 공략한 결과다.

아이들이 쓰는 '합체' 라는 단어에는 이제 아빠와 엄마가 포옹하는 것이 포함되어 버렸는데, 이 녀석들이 언젠가부터는 응용을 해서 놀이처럼 다루기 시작했다.

또봇은 2단 합체가 '타이탄', 3단 합체가 '트라이탄', 4단 합체가 '쿼트란' 인데, 아내와 포옹하고 있는 걸 보는 순간, 먼저 본 녀석이 '합체하네?' 하며 달려와 다리께에 달라붙으면서 '트라이탄 합체!' 하고 있으면 다른 녀석이 마저 달려와 붙으면서 '합체! 쿼트란~' 이런다. 어휴~

그런데, 곰곰이 생각해보니 이 상황이 나쁘지 않다. 이걸 활용해 보기로 한다. 첫째, 둘째, 아내와 각각 일대일 포옹은 매일 하려 노력하는 편이지만, 가족 네 명이 모두 포옹하는 기회는 그리 많지 않다. 이걸 한꺼번에 이루는 거다.

먼저 아내와 포옹을 한 상태에서 소리친다. '쿼트란 합체에~!'
그러면 애들이 '이야아아~' 웃으며 달려와 힘껏 끌어안는다.
네 명이 얼싸안는 그때의 기분이란!

임신중에 먹고 싶다하는 음식중 이런거 들어보셨나요?

아내가 임신했을 때, 입덧으로 본인은 무척 고생했지만, 뭐가 먹고 싶다며 남편을 이리저리 심하게 돌리는 편은 아니었다.

뭐... 한 겨울에 수박이 먹고 싶대서, 겨울에 수박 취급할 만한 곳은 백화점밖에 없단 생각에 퇴근하고 소공동 L 백화점 식품 코너 뒤져서 딱 세 덩어리 있던 3만 원짜리 하던 흑수박 하나 사들곤 광역버스 타고 집까지 한 시간을 운반했던 기억? (뚜껑만 따더니 숟가락으로 퍼먹더라) 추워서 깜빡 졸았더니 수박이 버스 밑을 이리저리 굴러다녔다.

뭐... 한 여름에 붕어빵이 먹고 싶대서, 활동하던 카페에 그때까지 붕어빵 취급하는 곳들을 알아내고 그중 한 곳을 푹푹 찌는 한여름에 두 번 갔다가, 첫 번은 쉬는 날이라서 두 번째는 국화빵만 한대서 헛물켜고, 결국 제주도 여행길에 '선녀와 나뭇꾼' 테마파크에서 일 년 내내 판단 정보를 입수해 사 먹인 기억? 나보다 정보를 제공했던 카페의 예비신부와 새댁들이 더 맘졸였다.

이 정도니 어디 가서 명함 내밀 것도 없다 싶었는데, 요거 한 방에 다들 두 손들고 가는 게 아닌가? 임신한 아내가 먹고 싶다 했던 그것이 무엇인고 하니, 바로 '기내식' 되시겠다.

첫째 임신했을 때였는데, 장거리 노선에서나 내주는 정찬 기내식을 먹고 싶다는 거다. 임신한 상태라서 장거리 노선 항공기를 탄다는 것 자체가 무리인데, 기내식이라니? 이거 실화? 혹시 기내식을 빼돌려(?) 인터넷으로 판매하는 곳은 없을까 하고 무한 검색질을 하기도 했는데, 그런 게 있을 리가 없다.

찾다 찾다 장거리 노선이 아님에도 기내식이 나오는 노선이 있다는 정보를 알아냈다. 일본 큐슈행. 아이가 나오면 한동안 해외는 나갈 수 없을 것이고, 아내는 일본을 가본 적이 없고, 나는 좋아하던 일본 여행을 오랫동안 가지 못하고 있었다는 여러 이유가 교차되면서 감행할 수 있었다. 비록 정찬 기내식은 아니었지만.

돌이켜보면 어처구니없기도 하지만, 아주 흥미진진하고 재밌었던 기억이다. 지인들에게 이런 얘기 하면 남자들은 다 그런다. '야, 이런 얘기 여자친구나 와이프들 있을 때 하지 말라' 고. 여자들은 대부분 이런 말을 하거나 표정을 짓더라. '오홍~ 기발한데? 아주 좋은 아이템 알았어~'

아직까지 임신 중에 기내식이 먹고 싶다 했다는 아내 얘기는 들어본 적이 없다. 혹시 있다면, 알려주시라.

적절한 잔소리?

지난 주말 근처 가족 도서관에 전부 출동했다. 1층은 어린이 공간, 2층은 초등 고학년 이상의 공간인데, 도넛 모양 건물인데다 마치 키즈카페처럼 예쁘게 되어 있어 아이들이 뛰놀기 딱 좋다. 1층은 애들이 우루루 뛰어다녀도 사서들이 크게 제재하거나 뭐라 하지 않았다. 오히려 너무 뛰다 넘어져 다칠까 봐 와서 조용히 얘기해 주는 정도. 그런 때문인지 참 다양한 경우를 접하게 된다.

뛰어다니는 것은 물론 평소 크기로 말하는 아이가 있다. 아이의 엄마도 큰 소리로 대꾸한다. 일고여덟 살은 돼 보이는 아이들이 우루루 뛰어다닌다. 부모는 멀찌감치 앉아 스마트폰이나 책을 보고 있다. 한 아이가 울음이라도 터뜨려야 다가가 다독이곤 또 내버려 둔다.

우리 애들이 뛴다. 점점 소리가 커지며 평소 크기가 된다. 굳은 표정으로 주의를 준다. '도서관은 뛰어노는 곳이 아니라 책 보는 곳이니 살짝 걸어 다니며 책을 읽으라고, 얘기할 때는 소리를 작게 하라고'

녀석들, 대꾸하진 않았지만 표정엔 역력하다. '쟤들은 뛰어다녀도 부모가 아무 소리 안 하는데 왜 아빠 엄마만 우리에게 뭐라 하느냐' 는 듯한. '쟤들도 책 안 읽고 놀기만 하는데 왜 아빠 엄마만 책 읽는 곳이니 책을 읽으라고 하느냐' 는 듯한…

오만가지 생각이 든다.

'왜, 나만 우리 아이들에게 뛰지 말라, 작은 소리로 얘기하라, 책을 읽으라며 애들 기를 눌러야 하는 거지?'
'그냥 내버려 둬도 되는 거 아닌가? 주변이 온통 책인 공간인데, 공간에 익숙해지고 나면 자연스레 책을 읽게 되지 않을까?'
'아니야, 어린이 도서관이라 해도 책 읽는 사람들이 있는데 피해를 주는 건 안 되지'
'아~~ 아냐, 이런 게 반복되면 아이들이 주눅 들지 않을까?'

도서관에서만 벌어지는 상황은 아니다. 유사한 상황을 만날 때마다, 정색하며 잔소리를 할 때마다 꽤 혼란스럽다. 적절한 수준의 잔소리는 대체 어떤 건지 무척 궁금해지는 요즘이다. 내가 너무 유난 떠는걸까.

각각의 의미

얼마 전 연휴에 어린이날이 있었다. 손주들이 또봇을 무진장 좋아한다는 사실을 알게 된 할머니가 가만히 있을 리 없다. 지난해 성탄절 선물로 또봇을 구하러 매장까지 갔다가 허탕을 쳤던 지라, 연초부터 손주가 원하는 또봇 종류가 뭔지 메시지로 보내달래서 일찌감치 구해 쟁여놓고 있다 보냈다.

놀이터에서 잔뜩 놀고 저녁 무렵 동네 목욕탕에서 수중전을 치른 후 퇴근하는 아빠를 정류소에서 만나 좋아하는 쌀국수까지 먹고 집으로 들어왔으니 이미 잘 시간이 넘어가고 있었다. 딸내미와 '아빠와 함께 하는 숙제'를 하고 있는데, 졸음이 오기 시작한 아들내미가 엄마를 졸졸 쫓아다니며 징징거리고 있다. 사탕 먹고 싶다면서.

잘 시간이 훌쩍 넘어 안된다는 엄마와 승강이가 몇 번 있더니 끝내 울음을 터뜨렸다. 진상 부리기 모드로 들어가는데, 둘째 진상이 보통이 아니다. 아내와 아들은 이미 애증의 관계가 된 지라, 아들 달래기는 내 몫이다. 혼자 방에 들어가 울고 있는 애를 앉고 데려 나와 무릎에 앉히곤 달랬다. 그치고 조금 기다리면, 누나 숙제를 얼른 끝내고 사탕보다 더 좋아할 만한 저 선물 꾸러미를 풀어볼 수 있다면서... 씩씩거리기는 하지만 조금 진정되었길래 얼른 딸내미 숙제를 끝내놓고 선물을 풀었다.

잔뜩 기대에 부푼 애들이 포장지를 벗겼는데, 이런! 이미 갖고 있는 또봇R 이 아닌가.

낭패다 싶어 얼른 "에고, 집에 있는 거네. 포장 뜯지 말고 뒀다가 집에 없는 또봇으로 바꿔오면 돼"라며 실망했을 아들 달래기에 들어갔다. 그런데 웬 일? 아들 녀석이 지금 풀어보겠다며 고집을 피운다. 풀어버리면 다른 또봇으로 교환할 수가 없다고 설명했는데도 막무가내다. 집에 또봇R 이 이미 있는데 이걸 왜 푸느냐 했더니 이러는 거다.

"이건 아빠가 선물해준 거고, 저건 할머니가 선물해준 거야. 비슷한 거잖아"

(뭔 소리야?) "그래, 같은 거야. 그러니까 그대로 뒀다가 다른 또봇으로 교환해 오자구" 했으나 계속 같은 말만 한다.

결국 그대로 거실에 두기로 하고 일단 잠자리에 들었는데, 침실에서도 분이 안 풀렸는지 계속 징징거리길래 다시 한번 무릎에 앉히고 물어봤다.

"왜 그렇게 화가 난 거냐?'
"사탕도 안된다 그러고, 또봇 풀어보기도 안된다 그러고, 다른 걸로 바꾼다 그러고" 하면서 왕~ 운다. 그때 머리를 퍼뜩 스치고 지나가는 생각... '설마...?'

"아들, 혹시 하나는 아빠가 선물해준거고, 나머지 하나는 할머니가 선물해준 거라 두 개 모두 갖고 있고 싶은 거야?"

고개를 끄덕끄덕하는 녀석. 그렇다. 아빠 엄마가 봤을 때는 똑같은 또봇R 이지만, 아들에겐 아니었다. 두 개 모두 각각의 의미를 가진 다른 또봇R 이란 말을 하고 싶었던 거다.

아빠~, 나 귓속말할게 있어

하루 일이 마감되어가던 즈음 울리는 카톡소리. 아내다. 딸내미가 '어제 아빠가 생각해본다던거 생각 다했나?' 라며 아침에 중얼거리더라고. 지난 주말 아들에게 파워레인저 스티커북을 하나 사줬는데, 동생이 가지고 노는걸 보고도 무심했던 녀석이 슬그머니 와서는 귓속말을 할게 있단다.

"뭔데?'
"응~ 나도 스티커북 사면 안돼?"

장난감이나 문구류를 보러는 종종 가지만, 특별한 날이나 기회가 아니면 사주지 않는다. 이런 경험이 반복되다 보니 매장가서 마음에 드는 장난감에 손을 얹은 채 (이런 건 대개 몇 만원짜리) '아빠, 장난감은 안돼지' 묻는 정도로 그친다. 애들도 어떤 때 살 수 있는지 대략 알고 있어서 가능성이 낮겠다 싶은 때에는 대놓고 사달라 말하는게 아니라 귓속말할 게 있다며 접근하곤 한다.

그런 경우 '그렇구나, 아빠가 생각 좀 해볼께' 라는 말에 이어 '갖고 싶은 것을 모두 얻을 수는 없는거야' 라고 한다. 원하는 물건을 너무 쉽게 손에 쥐는 습관이 들어버릴까 봐서다. 애들로서는 이해하기 어렵겠지만 반복한다. 또 하나는 일단 그 시점을 넘어가고 나면 아이가 잊어버리기도 하기 때문인데… 문제는 딸내미의 경우 열에 한 번이나 잊어버리려나. 잊는 경우가 거의 없다.

이번에도 아이는 잊지 않고 있었다. 당일만 해도 귓속말은 네 번이나 계속되었고, 사줄 생각이 없던 나는 같은 답을 했다. '생각중이야' 라고. 다음 날 아침, 딸내미가 '어제 아빠가 생각해본다던거 생각 다 했을까' 라고 중얼거리며 어린이집을 갔다는 사실을 전해들었을 때는 마음이 복잡해져버렸다.

'얘... 너무 집요한거 아냐? 이제 몇 살이나 됐다고...'
'내가 4천 원짜리 가지고 너무 유별나게 구는건가...?'
'애들 저만할 땐 다 사달라고 하는 거잖아'

그리고 이어지는 아내의 카톡...

"너무 애태우지 말고 그냥 하나 사줘요. 이따 마트가는데, 내가 사줄까요?"

결국... 딸내미는 귀가한 아빠 손을 잡고 별 세 개가 유독 빛나는 밤하늘을 올려다보며 그렇게 원하던 밤마실을 나가 또봇 스티커북을 손에 넣었다. 덩달아 따라나간 아들놈 손에도...

그래, 이만하면 쉽게 손에 넣은건 아니니까... ㅎㅎ

돼지책, 앤서니 브라운씨 이러기에요?

엄마들이 믿고 읽는다는 그 작가, 앤서니 브라운의 돼지책. 이 책의 내용은 대개의 남편이나 아이들이 읽기에 상당히 무서운(?) 것인데도, 애들은 종종 읽어달라 가져온다. 책 내용은 단순하고 명료하다. 집안 일을 거드는 것은 고사하고 아내이자 엄마를 동등한 가족의 일원으로 여기지 않는 것이 습관으로 굳어버린 남편과 아이들에게 '너희들은 돼지야' 라는 쪽지 한 장만 남긴 채 집을 나가버린 아내이자 엄마 이야기다.

며칠만에 집안과 생활은 쑥대밭이 되고, 그제서야 되돌아와 한쪽 허리에 손올리고 짝다리 짚는 그녀에게 무릎꿇고 애원하는 남편과 아이들. 그 후론 집안일을 분담하고 엄마는 자신만의 시간을 갖게 된다는…

엄마가 묵묵히 일하고, 일하고 또 일하는 페이지를 읽을 때 상당히 공들여 읽어준다. 아이들에게 엄마의 하루를 떠올려보고 대입해보게 하려는 나름의 노림수다. 읽고 나면 꼭 아이들에게 말해준다. 음… 겁을 준다고 하는게 더 맞는 말이려나?

"우리도 엄마 말 잘 듣고, 엄마 일 도와주고, 자기 할 일 하고 그래야 돼. 안그럼 돼지책처럼 될 지도 몰라"

제법 진지한 표정으로 이런 말을 해서 그런지, 그때 아이들의 표정도 사뭇 비장하다. 조금 겁먹은 것 같기도 하고. 그렇게 몇 번의 읽기와 으름장이 반복되던 지난 주말.

아이들과 아내가 먼저 일어나 거실에서 도란거리는 소리를 자장가삼아 늦잠을 자고 있는데, 아내가 슬그머니 들어오더니 모로 누워자고 있는 내 뒤로 따라 눕더니만, 이불을 푹 뒤집어 쓴다. 조금 있으니 딸이 방문을 빼꼼 열곤 '엄마 어디갔지?' 그러더니 아빠 뒤에 있는 엄마를 못보고 나간다. 밖에서 두 녀석이 '엄마가 없어' 라며 도란도란 말을 나누더니 이번엔 둘째가 들어온다. 그때 번개같이 머리를 스치는 장난! 깜짝 놀란 듯한 말투로

"어!, 엄마없어? 큰일났다. 얼른 찾아봐. 우리 돼지책처럼 된거 아냐? 돼지책?"

그랬더니만, 아들내미 표정이 순식간에 굳어지더니 황급히 나가 온 집안을 들쑤시고 다니는게 아닌가? 엄마~ 엄마아~ 하더니만, 이내 '우왕~' 하면서 무진장 서글피 울기 시작한다. 우는 동생 모습에 놀란 딸내미도 방문을 다시 열더니 눈물이 그렁그렁해지고...

그제서야 아내가 이불을 걷으며 짠~ 나타났는데, 애들이 얼마나 놀랐던지 한동안 딸내민 울먹거리고 아들내민 서럽게 운다. 원래 이 정도로 애들이 놀라리라 예상하지 않아서, 마지막도 책읽을 때 하던대로 나긋한 협박으로 마무리 하려고 했는데 달래주기 바쁘다.

좀 난감한 상황이 연출되긴 했지만, 돼지책이 아이들에게 상당한 울림이 있단 사실은 확인했다. 이 책은 당사자인 엄마들이 읽으면 동일시되어 목이 메일 수도 있을테니(음!? 통쾌하려나?), 아빠가 읽어주고 협박하는 것이 훨씬 낫겠다. 뭐, 아이들에게 읽어주면서 스스로를 되돌아보기도 하고, 흐트러진 마음은 추스리기도 하고.. 매 페이지마다 신기할 정도로 숨겨놓은 돼지얼굴을 아이들과 함께 찾아내는 것도 쏠쏠하다.

딜레마

아이들을 키우면서 많은 순간들이 도전이지만, 유독 마음이 쓰이는 경우들이 있다. 좋은 습관을 들인다는 명분 하에 아이들에게 스트레스를 주는 것이 과연 바람직한가라는 것이 대부분인데, 얼마 전부터는 TV를 보는 것에 관해 그리고 식사를 하는 것에 관해서로 집중되고 있다.

요즘 많은 집에서 그러하듯, 우리도 TV를 거의 켜지 않는다. 아이들이 만화본다고 켜는 하루 한두 시간, 아이들이 자고나서야 우리부부가 하루 걸러 한 시간 정도 켤까? TV를 켜놓으면 아이들이 어느샌가 그 앞에 앉아 있는 것을 보곤 우리부터 TV 켜지 말자 했었다.

애들은 으레 하루 한 번은 당연히 TV를 볼 수 있다 생각한다. 시간개념은 당연히 없다. 아내와 나는 그래도 TV는 한 시간 보는 것이고, 그 시간이 지나면 너희 스스로 전원을 끄는 것이라 다짐을 받는 과정을 반복한다. 대개는 잘 따라와주지만, 최근 들어 둘째녀석이 삐딱선을 타는 횟수가 늘었는데… TV를 끄고 나서 한동안 계속 툴툴거리고 짜증을 내는 것이다. 물론 분명 더 보고 싶은데 못보게 하니 그렇단걸 안다.

하지만 유독 TV를 보고나서 그러하니, 아빠엄마로서는 TV와 떨어뜨려 다른 것으로 시간을 보내도록 수단을 강구한다. 몇 번 타일러도 짜증을 멈추지 않을 때, 아내와 나는 "세 밤, 네 밤동안 TV 금지"를 선언한다. 아주 심했던 때는 열 밤동안 금지했던 적도 있었다. 선언하면 반드시 지키기 때문에 아들내민 다른 방법이 별로 없다. 짜증은 나지만 참아내는게 보인다. 하지만 이런 방법으로 기분나쁘다는 표현을 하는 중인 녀석을 억누르는게 바람직한 것일까?

또 하나의 경우는 식사할 때. 몇 집 안되지만, 내가 봤던 집의 아이들을 떠올려 보자면 우리 애들은 밥을 잘 먹는 편이다. 이번에도 둘째 녀석이 문젠데, 이 녀석은 식사태도의 편차가 제법 심하다. 어떤 때는 우적우적 혼자 잘 떠먹고, 어떤 때는 누나 한 숟가락의 반씩 깨작거리며 사십 분씩 앉아있기도 한다. 분명 그 녀석에게도 별로 먹고 싶지 않은 이유는 있을테지만, 그걸 모두 받아줄 수는 없는 노릇아닌가. 좋은 말로 몇 번을 종용하다 안되겠다 싶을 때, 이렇게 말한다.

"좋아, 밥 그만 먹어도 돼. 하지만 다음 끼니까지 간식은 없어. 식사를 제대로 안한 사람은 간식을 먹을 수 없는거야"

그러고 나면 울며 겨자먹기로 남은 밥을 먹지만, 마치 간식을 먹기 위해 식사를 하는 것으로 주객이 전도된 이 상황은 바람직한건가? 그리고 아이는 별로 먹고 싶지 않은데 억지로 떠넣는 경험이 과연 바른 식사태도를 들이는데 필요한 과정인가?

겪을 때마다 마음이 좋지 않다. 바람직한 TV시청과 식사습관을 알려주겠다는 이런 시도가 되레 지금의 욕구들을 억눌렀다가 나중에 폭발하게 만들지 않을까 싶기도 하고 말이다.

며칠 전 회식자리에서 안그래도 고민중이던 이야기를 꺼냈다가 초등학교 고학년 딸을 둔 동료에게 이런 말을 들었다.

"애들이 몇 살 이에요?"

"그 나이 애들이 그걸 알 것 같아요? 그거 애들한텐 그냥 스트레스에요, 그러면 안돼. TV보다 더 재밌는 걸 제시해야지"

맞다. 우리 애들은 아직 많이 어리다. 그래서 모를거다. 안다. 애들이 스트레스 받는다는 것. 늘 찾고 있다. 부정적인 대안보다 더 매력적이고 긍정적인 대안을. 늦은 밤, 아내와 아이들은 이미 잠든 때 술에 취해 들어와 한참을 소파에 앉아 있었다.

일곱 살, 다섯 살

깜짝쇼

서둘렀지만, 생일날 집에 들어선 시간은 오후 8시. 현관을 열었는데 평소완 달리 어두컴컴하다. 평소같음 아이들이 왁 소리내며 뛰어나오거나 식탁 뒤로 숨어있다 튀어나오더라도 불은 밝은데 말이다.

그때 어둠 속에서 팍 터져나오는 우렁찬 노래소리.

"생일축하합니다~"

코너를 돌아 식탁을 보니, 촛불이 꽂혀 아름다운 케익에서 눈도 떼지 못한 채 노래하고 있는 아이들. 그것만으로도 울컥했는데, 불을 밝히자 아이들 앞에 놓여있던 미역국에 만 밥이 보인다. 이제 몇 숟갈 뜨지도 않은... 아빠랑 같이 생일 축하하고 저녁 먹어야 한다면서 기다리다 기다리다 막 몇 술 뜨던 참이었단다. 6시면 배고프다 아우성치고 내가 퇴근 하는 시간이면 저녁과 간식까지 몽땅 먹어치우던 녀석들인데...

얼른 케익을 먹겠다는 아이들의 아우성에 저녁 밥을 미친듯이 흡입하느라 체끼도 심하고 식도염이 온 것 같지만 그게 무슨 대수랴.

아내가 팬케익을 굽고, 아이들이 딸기와 키위 그리고 블루베리 시럽을 얹어 낸 생일케익. 총연출한 아내와 무려 배고픔을 참아줬던 아이들.

이제까지 살아오며 가장 극적이고 행복했던 생일.

아들아, 엄마 하나 드리라니까~

여느 평일처럼 혼자 저녁을 먹고 있노라면, 아내는 아이들에게 간식을 내주는데 대개는 과일이다. 사과, 귤, 포도부터 석류까지 꽤 다양한 과일을 맛보게 해주는데, 그중 아들녀석이 가장 좋아하는 것은 단연 딸기. 딸기를 내놓자 두 녀석이 덤벼들어 맛있게도 먹는다. 아빠야 밥먹는 중이니 그렇다손치고 엄마에게도 한 알 안넣어주고는 말이다.

보다 못하고 '에이~ 엄마 하나 드려라' 했더니만, 딸내미는 얼른 한 알 찍어 엄마 입에 갖다 대는데... 아들내미는 먹다말고 엄마 옆으로 가더니 옆구리를 꼬옥 안아주는게 아닌가.

응, 이건 무슨 시츄에이션...?

아... 엄마 '하나' 드리란 말을 밥먹는 중에 했더니만 엄마 '안아' 드리란 말로 들었던거다.

먹던 밥 다 발사할 뻔 했네.

아놔~ 이러니 더 크지 말았음 좋겠단 생각이 매일같이 들지.

엄마아, 꼬추가 살랑~ 살랑~ 해~

아내가 아이들을 데리고 종종 동네 목욕탕을 가고, 휴양림 근처에 온천이 있으면 꼭 들리게 된 것은 애들이 워낙 물을 좋아해서다. 동시에 입장해도 거의 매번 부자가 모녀보다 늦게 나온다. 아들이 물을 너무 좋아해 녀석이 먼저 나가자는 말을 할 때까지 놀리는 편이기 때문이다.

모두 함께 갈 때면 당연히 아들놈은 내가 데려가지만, 그렇지 못할 때는 엄마와 누나를 따라 여탕으로 가게 되는데 올해가 그럴 수 있는 마지막 해다. 가끔 둘을 데리고 목욕을 다녀온 아내가 에피소드를 말해주는데, 최근에 갔을 때 애들 허리께쯤 오는 깊이의 탕에 들어가 있던 아들내미가 몸을 아래위로 리드미컬하게 움직이며 반달 눈을 뜨고 기분 만점이라는 표정으로 이랬단다.

"엄마~ 꼬추가 살랑~살랑~해~ 에헤헤헤헤ㅎ~"

인마... 엄마가 그 느낌을 어떻게 알아?

하루에 한 시간

하루에 한 시간
일년에 삼백육십오 시간
십년이면 삼천육백오십 시간
며칠이나 될까? 백오십이 일이다
삼천육백오십 일 중에 불과 백오십이 일
뭐가? 십 년 동안 아이들하고 같이 보내는 시간을 그러모은 게…

한 시간 일찍 출근하는 대신 퇴근을 거의 정시에 하는 편인데, 헐레벌떡 집에 들어서도 8시가 다 된다. 덕분에 퇴근 후 아이들이 잠자리에 들 때까지 나와 아이들에게 공유된 시간은 약 한 시간에 불과하다. 그나마도 그중 절반의 시간동안 나는 늦은 저녁을 먹으니, 엄밀히 보자면 삼십 분.

결혼 전, 기혼자들의 경험담중 가장 와닿았던 것이라면 단연 '아이들이 어렸을 때 함께 많은 시간을 보내라' 는 말이었다. 또한 '어린 시절의 아이들과는 함께 보내는 시간은 질보다 절대량이 중요하다' 는 비슷한 취지의 글도 제법 많은 책에서 찾을 수 있었다. 아마도 이런 이야기들에 큰 울림을 느꼈던 것은 내 과거의 경험때문이리라.

결혼 후 그리고 자녀가 생긴 후 일상의 우선순위를 어디에 둘 것이냐는 중요한 화두였고, 제법 일찍부터 고민을 시작해서 결혼을 앞두고는 거의 정리했다. 아이들과의 시간 확보에 초점을 맞추는 일상으로 만들어야겠다고. (이는 배우자에게도 같다) 우스운 얘기지만, 무척 오랫동안 흡사 청교도와 같은 삶을 살아야겠구나 각오를 했었달까.

원래부터도 사람을 자주 만나거나 관계를 잘 관리하는 편이 아니었지만, 그나마도 대폭 줄였다. 공식적인 회식이 아니면 일관적인 핑계(늘 아내를 팔았지만, 아내는 일언반구한 적이 없다)를 대고 집으로 향했다. 인라인 스케이트, 스키같은 취미는 모두 접었다. 대신 온가족이 함께 할 수 있는 휴양림 다니기란 취미를 새로이 열었다. 그렇게 삼십 분을 벌고, 한 시간을 벌고, 하루를 벌고 있다.

희생? 아니다. 가치를 어디에 더 두느냐의 사안일 뿐이다.

트레이드 오프. 이런 패턴의 일상으로 얻는 것이 있다면, 사회생활이나 그외의 인간관계에서는 분명 잃는 게 있을거다. 이 선택에 대해 내가 져야 할 책임이 있다면 달게 질 것이다. 여기서도 어중간, 저기서도 어중간하다 모든 데서 후회를 남기긴 싫다. 그리고 후회를 덜 남기고 싶다면 그것은 배우자와 아이들과 가족에게서이고 싶다.

하루에 한 시간.
노력하고 있지만, 여전히 나는 배고프다.

딸내미의 버릇

#1
어릴 때부터 일찍 재워 버릇해서 그런건지 원래 아침 잠이 없는건지, 딸은 상당히 일찍 일어나는 편이다. 새벽에 욕실문을 닫고 세면을 시작하려고 하면 노크를 하는 이 있으니, 백 퍼센트 딸내미다. 들어오라면 세수하고 있는 내 옆에서 거리낌없이 쉬를 하곤 나가는 게 아니라, 변기 뚜껑을 내려 그 위에 앉아서는 면도하는 내게 이것도 물어보고 저것도 말하며 재잘거린다. 거기 앉으면 욕실 바닥에 아직 발도 안닿는 녀석이...

#2
자기가 바라고 바라던 책이라도 손에 들어온 날이면 어김없이 일찍 일어나는데, 출근하는 내가 일어나기도 전부터 거실에 나와 그런 책을 읽고 있을 때가 종종 있다. 책의 내용을 아빠와 나누고 싶어서 이런 저런 이야기를 쏟아내는 녀석을 상대하느라 거실 바닥에 주저앉아 한참을 들어야 하지만 그게 뭐 대수랴. 그런 날 하루쯤... 버스에서 지하철에서 엘리베이터에서 사람들에게 좀 치이면서 출근하면 되지.

#3
"조심해서 잘 다녀와"

딸내미가 배웅할 때 꼭 해주는 말이다. 몇 살 먹지도 않은 녀석이 이리 말해주는 것만으로도 뭉클한데, 손키스를 날리고 중문 닫을 때쯤 덧붙이는 말.

"늦지말구"

퇴근 후 아이들과 보낼 시간을 확보하느라 애쓰고 있는 나만큼이나, 녀석도 하루 중 아빠와 함께 하는 시간이 짧은 것을 아쉬워하는 것 같다면 오버일까. 의례하는 인삿말에 너무 의미를 두는게 아닌가도 싶지만, 저 인사를 뒤로 하며 늘 마음을 다잡는다.

작은 신뢰 쌓아가기 훈련

"자기야, 이거 이때까지 좀 알아봐줘요"
"아빠아~, 나 이 노래 좋은데 찾아주면 안돼?"

배우자, 자녀들에게 듣는 이런 주문들. 큰 사안도 때로 있지만 대개는 예를 든 것처럼 소소한 것들인 경우가 많다. 그말은 자칫하다간 잊어버리거나 업무에 우선순위가 밀려버리기 십상이란 뜻이기도 하다.

총각 시절, 결혼 후 생활에 대해 생각하고 준비할 때 읽거나 자주 들었던 이야기가 있다. 결혼한 남자는 가정이 안정됐다 여기고 직장업무의 비중을 확 높이는 경우가 많고, 자기도 모르는 새 가족에게서 나오는 다단한 약속이나 일들의 우선순위를 미루게 된다는 것이었다. 작은 약속이나 해야 할 일을 잊고 미루다 보니 그게 쌓여 갈등의 싹으로 자라기도 한다는 것인데, 울림이 컸다.

그렇게 되지 않으려면 어떻게 해야 할까를 고심하다 가족과 하는 여러 가지 약속이나 일들을 직장에서 하는 업무와 동일선상에 놓고 다뤄보기로 했다. 마침 당시는 플래너에 미쳐있던 때라, 생각의 전환만으로 끝내는게 아니라 플래너를 통해 시각적으로 표기하고 마치 업무처럼 체크하고 관리하면서 체화해 보기로 말이다.

매일 아침 조금 일찍 나가서 플래너에 그날의 할 일을 모두 적어나간 후, 업무와 가족과의 약속이나 일을 동등하게 놓고 등급과 우선순위를 매겼다. 등급 A는 바로 할 중요한 일, B는 오늘 중에 할 일, C는 오늘하지 않아도 되는 일. 순위는 1부터 순서대로.

플래너에는 '아버지께 전화드리기' 부터 '아내에게 OO보내기', '딸이 말한 거 찾아놓기' 까지 자잘한 일들이 빼곡이 적혔지만, 그들을 적어넣고 중요도와 순서를 부여하는 순간 마치 업무하듯 거의 빠짐없이 잊지않고 챙길 수 있었다. 그리고 무의식적으로 업무를 우선에 놓게 되는 상황도 제어가 가능해져서 적극적으로 업무를 조정하고 대부분 어떻게든 방법을 찾게 되더라는 것도 수확이었다.

개인적으로 이런 과정은 무척 의미있고 중요한 것이라고 생각한다. 작은 신뢰를 계속해서 쌓아갈 수 있도록 해주기 때문이다. 가족간의 작은 약속이나 일들을 챙겨나가게 되면, 상대방은 은연중 존중받고 있다 느끼게 된다. 이런 느낌이 쌓이면 보다 깊고 넓은 믿음으로 자라나가지 않을까?

어떤 것이든 생각의 전환만으로는 부족하더라. 번거롭고, 짜증나고, 불편하더라도 그 과정을 겪어내며 지속적인 행동의 변화로 연결되어야 하더라. 습관이 쌓여서 자신을 만든다는 말. 참 맞는 말이면서 그만큼 무서운 말이기도 하다.

녀석만의 방법

아래 달린 것은 아이들 손높이에 맞도록 흡착판으로 붙이는 수건걸이다. 분명 아이들에 맞춰 달아놓은건데 언제부터인가 요렇게 잘 말린(?) 수건을 볼 수 있게 됐다. '이게 뭐야, 애들이 장난친건가?' 싶어 둘둘 풀어서 다시 좌악 펴서 윗쪽 수건걸이에 걸었다.

며칠 뒤 퇴근하고 씻으면서 보니 또 저렇게 말려있는게 아닌가? 애들이 장난 한 번 시작하면 며칠 몇 주가 가는 경우도 있으니 그런가 보다 하며 다시 똑바로 걸기를 반복...

어느 날, 씻으러 들어갔던 녀석들 중 딸애가 먼저 나오고 아들놈이 남았다. 분명 수건으로 물기를 닦는 것 같은데, 한참 지나도 저 수건걸이 앞에 서서 안나오고 있다. 안그래도 둘둘 말린 수건이 궁금했던 차에 얼른 욕실로 갔다. 아니나 다를까! 아들 녀석이 조심스런 손놀림으로 사진처럼 수건을 돌돌 말고 있다.

"엥? 아들. 네가 이렇게 수건걸었던거야?"
"어"
"아니 왜 이렇게 어렵게 걸어? 이렇게 넣어서 걸치기만 하면 되는데?"
"어, 나는 그게 어려워서..."

눈은 수건에 고정하고 쉼없이 손을 꼼지락거리더니 결국 저 모양을 만들고서야 총총 뛰어나간다. 말다가 귀찮아서 버려두고 나올 법도 한데 매번 끝까지 말아놓더라. 요령을 가르쳐줄까 하다가 관뒀다. 어차피 시간이 지나면 할 수 있게 될거라는 생각보다는, 저 장면을 더 보고 싶었기 때문이다.

제법 걸리겠지 했던 예상은 빗나갔다. 불과 몇 개월만에 언제 그랬냐는 듯 요령을 터득했던 것. 걸린 수건에 얼굴만 갖다 대면서 닦던 시기에서, 조금 컸다고 수건을 빼서 어른처럼(?) 닦고는 바닥에 버리고 가더니 사용한 수건을 누나처럼 반듯하게 걸고 싶었으나 요령이 없던 때의 헤프닝이었던게다.

몇 개월도 안되는 동안 번개처럼 나타났다 바람처럼 사라지는 아이들 연출의 장면들. 유심히 보며 움직이지 않았다면 올해가 지나기도 전에 잊히기 십상이었을 순간을 잡을 수 있어서 다행이다.

그래도 아빠엄마만 두 마리여서 행복하단다~

남매는 우리 부부가 보기에도 둘이서 잘 지내는 편에 속한다. 그렇대도 어찌 매번 좋기만 하리오, 티격태격 거리는 건 자연스러운 일일게다. 아내가 부엌일을 하고 있던 어느 날, 잘 놀던 두 녀석 사이에 갈등이 일었고 소리가 커졌단다. 정도가 심해진다 싶자 잠자코 두던 아내가 일갈했다.

"너희 그렇게 싸우려면 둘이 놀지마!"

딸애는 삐쳐서 방으로 들어가 문을 닫아 버렸고 혼자 남은 아들내미도 눈치를 보며 딴청을 피우면서 상황은 진정됐다나? 그렇게 얼마간의 시간이 지났을까. 아들 녀석이 주방에 있던 아내 옆으로 오더니, 꼭 쥔 주먹을 눈앞으로 들어올리며 검지와 중지를 차례로 펴면서 진.지.하.게. 한 마디 한다.

"엄마, 왜 두 마리를 낳았어~?"
(?????)
"한 마리만 낳았으면 싸우지도 않을 거 아니야~"
(??!!!!)

빵 터지는데 잡아놓은 엄한 분위기 깨질까봐 입술을 깨물며 돌아서지 못했단다.

아빠~, 아빠는 왜 두 번만 닦아?

#1
아직 두 녀석은 응가를 본 후 뒷처리가 안된다, 아니 생각해보니 할 수도 있을텐데 부모가 못미더워하고 있는지도 모르겠다. 어쨌건 응가 후에는 엄마를 소리쳐 부른다. '엄마~ 다 했어~' 하면서. 집에 있을 때면 언제나 뭔가를 하고 있는 아내 대신 내가 가서 뒷처리를 하게 되는데, 그 처리방식(?)이 사뭇 다른가 보다.

"아빠, 아빠는 왜 두 번만 닦아? (대체로 그렇다, 어찌 맨날 두 번만에 처리되겠는가)"
"응?'
"엄마는 아플 정도로 닦거든"
"어... 두 번만 닦아도 깨끗한데?'

#2
뒷처리를 해주려 앉아있는 아이들 앞에 서면 기다렸다는듯이 허리를 굽혀 다리를 안는데, 좋아서 그러는건지 엄마한테 배운건지 모르겠지만 처리하기에 편한 자세가 되는 건 맞다. 닦고 나면 매끈하게 드러난 녀석들의 등어리 아래쪽을 손끝을 쫙 펴서 토톡 두드리는 걸로 끝을 맺는다.

이제 얼마 지나지 않으면 알아서들 뒷처리를 할테고, 그때면 화장실에 같이 들어갈 일도 없겠지. 녀석들의 등어리를 톡톡 두드리며 느꼈던 손 맛, 아이들에겐 과연 어떤 기억으로 남을까...

유아 노동력 착취 현장

9월의 어느 주말. 여름내 에어컨없이 더위와 맞서게 해주었던 선풍기 삼총사를 목욕재계시키고 잘 포장해 창고에 모셔야 했던 날.

이런 류의 일을 할 때면 으레 아이들은 둘이서 노느라 정신없고 나만 옆에서 뚝딱뚝딱하면 되겠구나 하는데, 선풍기 청소가 애들 눈에 재밌게 비춰졌나 보다. 달려든다. 딸애는 아내가 설거지를 할 때면 가끔씩 돕겠다며 의자를 갖다놓고 달그락거리는데다 워낙 호기심도 많아 그러려니 하는데, 둘째까지 나서서 선풍기 닦는거 나도 하고 싶다니 이거 꽤나 흥미로운거.

위험하거나 남에게 피해가 갈 수 있는 것만 아니라면야 무언들 안되겠는가? 힘을 써야 하는 선풍기 머리 분리만 해서 날개와 망은 욕조에 물받아 넣어뒀더니 어느새 딸내미가 솔을 들고 서 있다. 솔을 쓰는 요령을 한 번 알려주곤 망 네 개와 날개 두 개를 딸 손에 맡겼다. 녀석, 솔질이 제법 야무지다.

욕실을 나왔더니 아들내미는 물티슈를 뽑아다가 진지한 표정으로 조막손을 이리저리 굴리고 있다. 검은색 표면은 먼지를 닦을 때면 자국이 남기 십상인데, 평소 약간 강박이 아닌가 싶을 정도로 깔끔떠는 녀석답게 다시 손을 안대도 괜찮을 정도다. 제거하는데 힘이 필요한 선풍기 날개의 찌든 때만 도와준 후 잘 말려서 그리고 선풍기 몸체는 분리해서 하나하나 박스에 넣어 끝내고 나서 아이들을 올려다보니, 배를 한껏 내밀고 서서 빤히 보고 있다가는 나를 따라 손바닥을 툭툭 털더니 '아~ 다 했다'며 돌아선다.

종종 그런 경우가 있다. 아이들이 나도 돕겠다며, 나도 해보겠다며 달려드는 경우 말이다. 그런 때 아이들이 끼어들면, 하는 방법 설명해주느라 번거롭고, 애들이 한거 다시 다 만져야 하니 한 시간 걸릴게 두 시간 걸릴건 분명하고 그럴 바에야 좋은 말로 '엄마, 아빠가 할께' 하기 십상이긴 하다. 하지만 꾹 참고 이것도 아이들과 같이 노는 거라 생각하면 또 쏠쏠한 재미가 있더라. 덕분에 한 번 더 대견하다 느끼기도 하고 말이다.

아이들과 톱과 망치들고 나무를 다듬는 일도,
펜치와 니퍼, 전선을 들고 전기제품을 만지는 일도
함께 해보고 싶다. 내가 아는 선에서 알려주고 말이다. 조곤조곤.

이사 후 1년..., 층간소음이 뭐야?

이사한 지 어느덧 1년이 됐다. 층간소음에 노이로제 근처까지 갔던 터라 저층 살이을 싫어하는데도 1층을 고집했던 아내. 지난 일 년동안 여러 차례 가슴을 쓸어내리며 그리고 엄마 미소 지으며 말했었다.

"1층으로 안왔으면 어쩔뻔 했나 몰라..."

이런저런 사연 끝에 어렵사리 마련했던 지금의 전세집 바닥은 이러하다. 전에 살던 집 거실을 덮었던 5cm 두께의 매트는 어디에 뒀는지 기억도 나지 않는다. 거실에 깔아놓은 얇은 매트는 소음때문이 아니라 집이 춥다보니 바닥이 차가워 깔아놓은 것일뿐이다. 식탁을 지나 욕실로 가는 길목에는 이렇게 테이프가 붙었다.

끈끈이가 떨어져 너덜너덜 해지면 죄 뜯지만, 얼마 안가 다시 다른 모양(?)이 붙는다. 한 칸, 두 칸, 한 발로 두 발로 아이들은 쿵~ 쿠쿵~ 소리를 내며 뛰어다닌다. 쉬하러 갈 때도, 똥싸러 갈 때도, 치카하러 갈 때도 한 번씩 콩콩콩콩~ 뛰어 욕실로 들어가고 유치원에서 돌아와 거실로 들어올 때도 콩콩콩콩~ 뛰어 들어온다.

뿐인가, 고무 딱지(? 플라스틱 딱지? 요즘은 딱지가 이런 재질로 나오더라) 치기에 맛들린 아들녀석과 며칠 걸러 배틀이다. 빳빳한 종이로 접은 딱지의 내리치는 소리도 엄청나지만, 고무딱지 소리도 만만치 않다. 바닥에 닿는 충격은 더할게다. 아랫집이 있다면 대낮에도 쉽지 않을 딱지치기일텐데, 아들과 함께 힘껏 인정사정없이 내리친다. 팔이 당길 정도로 내리치다 보면 속이 다 시원해지더라.

이사 전에는 어느 집을 가도 알아서 깨끔발로 걸어다니는 통에 안쓰러웠는데, 이제는 다른 집에 가서 한 번씩 주의를 줘야할 정도로 완전히 이 환경에 적응해버렸다. 50평 가까운 집에 사는 처가 아이들이 우리 애들에게 '너희 집은 좁아서 답답하잖아' 라며 안오고 버틸 때 마구 뛰고 집어던지고 떨어뜨려도 괜찮은 1층의 메리트는 좁은 공간이란 항변을 단박에 잠재운다. 얼마 지나지 않아 처가 아이들은 우리 집에서 소리지르며 뛰어다니고 있다.

가끔이지만 나와 아내도 아이들과 함께 폴짝거리며 번호를 밟는다. 어른 발에는 칸이 작아 발을 있는대로 오므려 뛰어야 하기 때문에 쥐가 나기 일쑤다. 그래도 아이들과 같이 뛰어본다. 몇 번만에 나동그라지는 엄마아빠를 뒤로 한 채, 헉헉거리며 땀흘릴 때까지 쿵쿵 뛰며 노는 녀석들… 도대체 어떻게 참고 있었던걸까?

집은 굉장히 좁아졌지만, 아이들은 그것에 별다른 말이 없다. 혹시 그 이유가 맘껏 뛸 수 있어서는 아닐까?

아토피, 넌더리나는 녀석과 맞짱뜨다!

아들녀석에게는 아토피가 있다. 워낙 증상이 심한 다른 사례들이 머릿속에 있어서 얼마나 심한건지 감잡기가 어렵긴 하지만, 지난 초가을부터 갑자기 심해진 뒤 날이 추워질수록 가려움증이 심해져 결국 병원치료를 결정하게 됐다.

밤새 잠을 못잘 것같을 때 아주 가끔씩 항히스타민제를 먹이고, 내성이 생긴다는 스테로이드성분 연고를 극소량씩 써가며 아이가 커가면서 자연스레 사라지더라는 이야기에 위안을 얻으며 몇 년을 지내왔지만 적극적인 치료가 필요하다고 판단했다.

거의 매일 자정 즈음이 되면 깨서 온몸을 긁는다. 어찌나 세게 긁는지 손톱을 아무리 부드럽게 깎아줘도 상처가 나기 일쑤다. 내 속은 둘째치고 매일같이 불려가 한 시간이고 두 시간이고 가려운 곳을 문질러주고 두드려주는 아내 속은 어떠하랴.

침시술을 받는 첫날, 증상이 심한 환부에 짤막한 피부재생 침을 열개나 꽂은 채 도무지 어떤 심경인지 알 수 없는 표정으로 카메라를 보고 있는 녀석의 사진을 받았다.

'역시 의젓하게 잘있네... 기특한 것'

아내의 카톡을 받았을 때 심경을 형용하기 어렵다. 차라리 고래고래 소리치고 울면서 아프다했으면 마음은 더 나았을까? 침을 맞은 채로 30분을 가만히 누워있어야 한다. 아이들에게 가만히 있어야 하는 30분이란 고문에 가깝지 않던가. 얼마나 가려움이 싫었으면 침 치료마저 달게(?) 받는걸까 싶어 코끝이 찡하다.

병원은 일주일에 한 번 가지만, 집에서 하는 치료는 매일 반복된다. 미지근한 온수에 병원에서 받은 한방입욕제를 넣고 30분을 있어야 한다. 마침 겨울로 넘어가고 있는 즈음인데다 원체 추운 집이라 5분 마다 물온도를 재야 한다. 감기가 오면 몸에 열이 나고 열은 아토피 증상악화로 이어진다니 띄엄띄엄할 수가 없다.

목욕을 끝내고 나오면 멸균거즈를 한방액에 푹 적셔 환부 전체에 덮고 15분을 기다려야 한다. 중간에 한방액이 마르면 액을 덧부어 촉촉하게 유지해야 한다. 거의 전신에 덮어야 하니 옷을 벗고 있어야 하고 냉장고에 있던 액에 젖은 거즈가 닿으니 무척 차갑다.

끝난게 아니다. 거즈를 걷어낸 후 비닐장갑을 낀 손가락으로 한방연고를 찍어 증상이 심한 환부에 펴발라야 하고 도대체 한약이라 여겨지지 않을 정도로 맑은 물같은 탕약 한 봉까지 마셔야 끝난다. 줄잡아 한 시간이다. 그 시간을 견뎌야 하는 아이도 아이지만, 아내도 꼼짝없이 매달려야 한다.

많이 컸다고만 생각했던 딸이이도 동생에게 집중되는 엄마의 관심은 슬프고 안타깝다. 그렇지만 이제 시작에 불과하다. 최소한 반 년의 시간이 지나야 한다. 반 년 내내 매일같이 이런 과정을 거쳐야 하는 것은 아니라지만, 적응하고 새로운 생활패턴을 만들어야는 것은 달라지지 않는다.

침을 꽂은 채, 차가운 약에 젖은 거즈를 덮은 채 의연히 맞서주는 아들에게,

엄마를 빼앗긴 것만 같아 슬프지만 동생이 괴로와하는 모습에 애써 참아주는 딸에게,
끝난 줄 알았건만 매일같이 설치는 잠과 한방처치에 분투하며 견뎌내고 있는 아내에게,
내가 줄 수 있는 모든 사랑과 격려와 용기를 그러모아 보낸다.

고맙다.

아빠, 나 괜찮아요. 걱정마세요

아들내미와 딸내미는 아플 때 무척 다른 모습을 보인다. 딸은 평소에 의젓하지만 아플 때 엄살이 무척 심한 편인데, 칠렐레 팔렐레 거리는 아들녀석은 아플 때만큼은 놀라우리만치 의연하다.

아내가 오랜만에 친구들을 만나러 장거리 외출을 나갔던 작년의 어느 날. 열이 좀 있다 싶었던 둘째였는데, 아내가 나가기를 기다렸다는 듯이 열이 치솟았다. 왠만하면 안누워있는 녀석인데 움직이기도 힘들었던 듯 하다. 쿨패드를 이마에 붙여주고 해열제를 먹여도 열은 계속 위험수위.

아이 옆에 모로 누워 눈을 마주하고는 얘기했다. 물수건으로 몸을 닦아야 하는데 몹시 차가울거라고 괜찮겠느냐고. 내 뺨에 손을 올리더니 고개를 끄덕이며 지그시 나를 바라보는데, 마치 '아빠, 나 괜찮아요. 걱정마세요' 란 말을 하는 듯 했다. 어쩌면 이런 상황을 마주할 일이 별로 없는 아빠라서 유난스레 느끼는 것일 수도 있겠지만, 그때 아들녀석의 눈과 표정은 잊을 수가 없다.

아~아~ 마이쎄쓰 마이쎄쓰

"아~아~ 마이세쓰, 마이쎄쓰"

동그란 스폰지가 아이스크림인 콘 장난감을 들고 두 녀석이 돌아다니며 중얼거린다.

"여보, 저게 무슨 소리야?"
"ㅋㅋㅋ 마이크 테스트~"
"아…"

애들을 불러세워 알려줬다.

"얘들아, 그건 마이크 테스트 라고 하는거야"

똘망하니 쳐다보던 녀석들이 동시에 '마이크 테스트?' 하더니만, 뒤돌아서기가 무섭게 '마이쎄쓰, 마이쎄쓰' 라며 방으로 쪼로록 들어가버린다. 깔깔거리는 웃음과 함께.

아! 아! 마이쎄쓰~ 마이쎄쓰~

살인 미소

아들은 아토피가 있다. 그리고 일부 먹을 것에 대한 알러지도 좀 있다. 아주 어릴 적에는 먹을 것을 가려서 줄 수 있었지만, 다른 애들과 어울리기 시작한 때부터는 과자, 사탕, 음료수, 아이스크림에서 자유로울 수가 없다. 물론 입에 대면 곧 반응이 오는 재료가 든 먹거리야 녀석이 바로 입을 떼버리지만, 미세하게 함유된 먹거리들의 경우 십중팔구 잠들기 직전이나 자다 깼을 때 심한 간지럼으로 올라온다. 더 가려워하는 곳이 있기는 하지만 부위를 가리지도 않는다. 그런 날이면, 아이와 아내는 선잠을 자는거다.

가려움이 무척 심한 편이었던 어느 밤을 지내고 출근을 하며 아이 방에 들어가자, 자고 있는 아내 옆으로 아들내미가 폭하니 붙어있다. 조용히 나가려는데 돌아눕더니 한쪽 눈을 어렵사리 뜨는 녀석. 그러더니 빙긋 웃는다. 가련하기도 하고 기분좋기도 해서 엎드려 뽀뽀를 해주는데, 슬그머니 두 팔을 내 목에 두르더니 꼬옥 눌러준다.

아이의 맨살이 목덜미에 닿았을 때의 부드러움.
포옹을 풀었을 때 아이 입가에 가득한 미소.
녀석... 가려움에 밤새 잠도 제대로 못자서 컨디션도 엉망이었을텐데...

책 읽어주기 1

#1
아이들이 책 읽어주는 사람을 고르는데는 주기가 있어뵌다. 줄곧 나를 찾다 최근 반 년 정도는 아내만 불러대더니 얼마 전부터는 다시 돌아왔다. 아마도 당시 관심이 가는 책의 종류에 따르는게 아닌가 싶기도 한데, 옥토넛 시리즈 때 한참 찾더니 그 후 잠잠하다 EQ의 천재들 시리즈가 들어온 뒤부터 다시 찾는 듯한 느낌이다.

EQ의 천재들... 읽어주기 쉬운 책이 아니더라. 지루하지 않도록 요래조래 실감나게 읽어주려 노력하고 있다. 다시 아내에게 기회가 넘어가지 않도록. 오늘도 아들녀석은 이러겠지?

"아빠~, 책 읽어줘야지~"

그제는 조용씨, 어제는 시끄럼씨를 읽었고 오늘은 수다씨가 예약되어 있다.

#2
새로 들인 아이들 책중에 '책먹는 여우' 라는게 있는데, 작가로 크게 성공한 여우가 돈도 많이 벌고 집도 큰 걸로 사고 오토바이도 한 대 마련했다는 내용이 잠깐 나온다. 딸과 아들을 양쪽에 끼고는 읽어주던 와중에, 책을 써서 출간을 하고 출간한 책이 돈이 되어 꿈꾸던 것들을 했다는 대목에서 무척 부러워하며 나도 모르게 이랬나 보다.

"와~ 여우는 좋겠다. 책도 써내고, 그걸로 부자도 되고"

그랬더니만 옆에서 갸우뚱거리던 아들내미가 그게 뭐가 부럽냐는 듯 건넨다.

"아빠도 많이 벌잖아"
"하하, 그래, 네 말이 맞다. 아빠도 많이 벌지. 암~"

귀가한 아빠 손에

뭔가가 들려있던 장면에 대한 기억에 내겐 없다. 아니, 어쩌면 있을지도 모르지만 내 머릿속 지우개때문인지도 모른. 어릴 적 귀가하는 아빠 손에 들린 봉다리에 얽혀있는 기다림, 설렘과 꿀같은 재미가 얼마나 컸는줄 아느냐며 입을 삐죽거리는 아내의 가벼운 투정을 들으면서도 공감이 일지 않았던데는 그와 같은 경험을 한 적이 없기 때문이었잖나 싶다.

지금 돌이켜보면 아버지가 당시에 처한 사회생활의 굴레에서는 그럴만 했겠구나도 싶고 아내가 말하는 기분이 어떤 것인지 짐작도 잘 안되기에, 왜 우리 아버지는 안그랬을까라는 일말의 아쉬움도 없다. 다만 그런 경험도 없고 맨날 집에서 밥 먹고 외식도 잘 안하는데다 군것질도 거의 하지 않는 나로서는 제법 당황스러웠고, 아쉬움도 없고 자연스러운 일로 여긴다고는 했지만 그렇다고 신경이 안쓰이는 것도 잊어버린 것도 아니었다.

집 앞에 와서야 '아차' 하며 무릎을 치게 되는 경우가 이어졌다. 지하철역 광장에서 팔던 떡볶이와 오뎅도 그제서야 생각나고 마트에서 화려하게 손짓하던 초콜릿과 빵, 아이스크림을 무심히 지나쳐버린 기억도 집 현관에서야 났다.

그런 시도들을 안착시킨 것은 다름아닌 '꽃을 든 남자 프로젝트' 였다. 적어도 3주에 한 번씩 꽃을 사들고 가는 과정이 2년 가까이 계속되면서, 귀가하는 아빠 손에 뭐가 들려 있을까 기대하는 마음을 아내와 아이들의 눈과 표정을 통해 간접적으로 느낄 수 있었던거다.

그런 피드백이 선순환을 낳고 낳아 얼마 전부터는 예전과 비교할 수 없을만큼 다른 행보로 바뀌어가고 있다. 아직 고객(?)들의 입맛을 딱딱 맞춘 봉다리를 챙기지는 못하는 수준이지만, 이렇게 조금씩 달라지는 것 역시 의미있지 않느냐며 스스로를 다독인다.

딸내미와 아들내미도 제 엄마와 같은 기억을, 추억을 품게 될까?

아토피 한방치료

#1
아토피 치료중에는 일주일에 한 번씩 받는 침치료가 있다. 새끼손가락 두 마디 정도 길이의 일명 피부재생침 이란 것을 증상이 심한 환부에 열 대 정도 놓는다. 첫 시술때 의연하다 싶었는데 처음이라 뭔지 모르고 당했어서였던 거다. 아이의 주의를 돌릴 아이템이 필수였고, 터닝메카드 최신작들을 몇 개 구해다 태블릿에 넣어두었다.

두번째 침치료가 있던 날. 집으로 들어서는데 아들녀석이 거실에 서서 뭔가를 하다 나를 올려다보더니 '역시 아빤 쫌 최고' 란 눈빛으로 그런다.

"아빠, 터닝메카드 아빠가 준비했다며?"
"어? 응."
"고마워, 잘봤어~"

기분 좋을 때 밑으로 주욱 깔아서 소리내는 아들내미 특유의 발성으로 말이다. 그날 녀석을 재우고나서 세 편 더 찾아 태블릿에 넣었다. 칭찬은 아빠에게 안 보여주던 터닝메카드도 찾게 한다.

#2
아들내미가 아토피로 일주일에 한 번씩 침치료를 받은지 몇 주가 됐다. 치료 때마다 생난리를 피우는걸 터닝메카드로 틀어막고 있던 어느 날.

태블릿에 새로운 에피소드 넣는 걸 잊은 일이 있다. 새로운 이야기를 본다며 기대했던 녀석은 폭발했고 시술을 받는 삼십 분 내내 악을 쓰고 소리를 질렀단다. 다른 환자들에게 피해가 갈까봐 입을 덮은 아내의 손바닥을 깨물어 시퍼렇게 멍까지 들여놓았다.

매일같이 잠을 설친데다 가려워하는 녀석에 대한 안쓰러움에 예민해진 아내도 결국 화가 터졌나보다. 다행스러운 것은, 튄 불똥에 나까지 불타오르지 않았다는 사실이다.

집에 오자마자 아내의 심경을 들었고 안아줬다. 다른 이야기는 필요치 않았다. 그러곤 아들을 불러다 침 맞는거 못견디겠을 정도면 하지 말라고 했다. 대신 가려움은 계속 될텐데 괜찮겠느냐 물었고 잠시 생각하던 녀석은 아니란다. 언제든 네가 선택할 수 있다고 해두었다.

왜 모르겠는가,
따끔따끔한 침이 너무너무 싫은걸,
매일같이 미스트 바르고 연고 바르느라 한 시간씩 보내는게 답답한걸,
병원에서처럼 왕창 터뜨리고 싶을만큼 화가 나는데 참는다는걸,
얼마나 가려운게 싫으면 이런 것들을 견디고 있다는걸...

아들도 아내에게 많이 미안했던지 저녁 내 알랑방구를 뀐다. 터닝메카드 보기는 책읽어주기로 대신한다는 합의도 했다. 동생의 폭주 때마다 고스란히 피해를 보는 딸내미는 잠시 울먹하더니만 어느새 생글거리고 있었다.

#3
그 뒤로도 난리친 적이 몇 번 더 있댄다. 차에서 달게 자다 병원에 들어갔을 때

인데, 깨물지만 않았지 대단했다는 말을 아내에게 전해들었다.

어느 토요일 나와 둘이서만 한의원에 가게 됐고 그 날은 침치료가 예정된 날이었다. 아내도 우려 섞인 표정으로 나를 보내고 한의사도 시술 전에 내게 설명하더라. 아드님의 또 다른 면을 보실 수도 있으니 놀라지 마시라고.

나는 아이 옆에 앉아 '아빠는 어른인데도 따갑고 아프더라, 억지로 참을 필욘 없어. 다만 좀 덜 따가우려면 다른 데를 보고 침맞는 다리 힘을 빼면 도움이 될거야' 라며 주의를 돌릴만한 이야기들을 묻고 과장되게 반응하는 정도의 여느 엄마들처럼 대응했다.

열 대의 침을 맞는 동안 한의사도, 간호사들도 깜짝 놀라며 애한테 한 마디씩 해주고 갔다. 겸연쩍어하던 아들은 다음에 엄마랑 와서 침 잘맞는거 보여주고 이유도 직접 설명할테니 비밀로 해달란다.

일주일 후, 아내로부터 온 카톡속 사진에는 허벅지에 열 대의 침을 꽂고 앉아 웃고 있는 아들과 역시나 환한 표정으로 브이를 그리며 선 딸내미가 있었다. 그렇게 아이들은 한뼘씩 또 자랐는가 보다.

여덟 살, 여섯 살

누나

사내라고 쉬를 눌 때는 바지랑 팬티를 종아리께까지 내려놓고는 고추를 앞으로 쑥 내민 포즈가 된다. 문 좀 닫고 볼일 보라고 아내가 매번 이야기해도 활짝 열어놓기 일쑤인데, 나는 그 모양이 귀엽다보니 별 말없이 구경(?)하는 편이다.

그러던 어느 날, 여느 때처럼 갑자기 종종거리며 욕실로 뛰어들어가 볼일을 보던 녀석을 목격한 딸애가 같이 욕실로 들어가더니만, 쉬하고 있는 동생을 뒤에서 조금씩 밀면서 이런다.

"아이구~ 조금 더 가까이서 싸라니깐~ 앞으로, 앞으로"

티격대지만 장난치는 것 같지는 않길래 왜그러는거냐 물어보니, 헤헤거리는 딸내미가 그런다.

"응~ 동생 바지 적시지 말라구"

아빠, 할 말 있으니까 잠깐 방으로 가요

휴양림을 오가는 길에는 태블릿으로 만화영화를 보여주곤 하다보니 애들에겐 일종의 낙인데, 이제 두녀석의 취향이 생겨서 옥신각신하기 일쑤다. 아무래도 협상에 능한 누나가 이상한 논리로 동생을 설득했던 것도 한두 번이지, 이젠 아들놈도 경험이 쌓여 만만찮다. 협상이 평행선을 이루길래, 적어도 만화보는 장면에서는 누나가 고집하는 걸 몇 번인가 맞춰주던 아들이 기억나 그 얘길 하며 이번엔 누나가 양보하라면서 상황을 정리했던 적이 있는데 잠시 후... 조용히 바지춤이 잡아당겨지는 느낌에 내려다보니 인형을 옆구리에 낀 딸내미가 서있다. 귓속말을 하려는 시늉을 하길래 허리를 숙였더니 귀에 대고 이런다.

"아빠, 할 말 있으니까 작은 방에 가요"

헉! 뭐지? 이 기분은? 마치 내가 뭔가 잘못한 게 있어 혼나러가는 듯한 느낌. 둘이 방에 들어서니 좀 앉아보란다. 그러더니 딸애가 하는 말은, 만화볼 때는 아빠 말이 맞지만, 나는 다른 때 동생에게 양보를 많이 했는데 왜 그렇게 말하느냐는 것이었다! 그러면서 동생이 침 치료받다 난리쳐서 둘이 모두 TV금지 됐을 때도 참았고 또 이런 경우도 있었다면서 조목조목 이어가더라.

칭얼거리는 게 아니라 내 얘기 좀 들어보란듯 초롱한 눈빛이라 듣는 동안 기분이 나빠지는 것도 아니었고 말이다. 할 말이 없었다. 전체적인 맥락으로 보면 딸내미 주장이 모두 맞는 거였다. 깨끗하게 인정했다. 넓게 보니 네 말이 맞다고. 다시 제안했다. 그럼 공평하게 갈 때는 네가 고른거 보고 올 때는 동생이 고른걸 보자며 나가서 동생에게 물어보곤 결정하는건 어떻겠냐니 그러잔다.

아들내미는 물어볼 것도 없었지만, 딸에게 동생의 권리를 인지시키기 위해서라도 필요했다. 결과는 두 녀석 모두 오케이.

잠시나마 딸내미 포스에 찔끔했단 사실은 오래도록 놀랍다. 아내말로는 아내나 내가 애들에게 하던 그대로를 접했을 뿐이라는데 왜 그렇게 놀라웠던걸까?

손톱에 붙여놨음 좋겠다

아들녀석 아토피 한방 치료를 시작한 지 만 2개월이 됐다. 입욕 삼십 분, 미스트에 적신 거즈로 온몸 덮기 삼십 분, 연고 바르기 십 분의 힘난한 코스를 지나 주 3회 입욕만으로 조정된 요즘이다.

몸 힘들고 시간을 많이 뺏기는 과정은 벗어났지만, 그보다 중요한 것은 아이의 상태가 얼마나 나아졌는가 일텐데, 안타깝게도 가려움의 정도에는 별다른 차이가 없다. 여전히 밤에 자는 동안 긁고 늦은 새벽에나 잠깐 잠들었다 늦잠을 자게 되기 일쑤다. 4개월 정도면 증상은 대부분 진정이 되고 환부도 작아져 처음 발병했던 부위가 드러난다고 했는데, 과연 기다릴 수 있겠나 싶을 정도다.

그렇게 세게 긁다가 상처가 나게 되면 병균이 들어가기도 하고 따갑고 쓰라린 거라며 긁지 못하도록 계속해서 손도 쳐내고 따로 반복해서 이유를 설명해줬다. 그럼에도 워낙 얇은 아이들 손톱이라 수시로 깎아주지 않으면 순식간에 허벅지와 오금에 선을 그리기 일쑤다.

간혹 울먹이며 따가움을 호소하는데, 울상이던 녀석이 작은 방으로 뛰어들어가더니만 양손에 뭔가를 들고 나온다.

손톱깎이와 손톱 가위.
손가락 끝이 하얘지도록 꼬옥 쥔 채,

"아빠, 이걸 손톱에 붙여놨으면 좋겠어"

... 울음이 팍 터질뻔 했다.

이렇게 자랐으면 좋겠구나

일상을 주의깊게 들여다보며 그 안에서 행복을 건져내고 공유할 수 있는 사람으로

본인이 진짜 하고 싶은 것을 찾아 안주하지 않으려 노력하는 사람으로

성실함이야말로 평범한 것을 비범한 것으로 변화시킨다는 것을 아는 사람으로

세상에 나섬에 있어 불안함에 주눅들지 말고 되레 치열함의 방부제로 기능케 할 수 있는 현명한 사람으로

포옹 1

매일 퇴근 후 간단히 씻고나와 무엇보다 먼저 하는 일은 아이들 안아주기다. 꽤 오래 전 '포옹'을 다룬 다큐멘터리를 보면서 실행하기로 마음먹었던 것인데, 몇 년째 꾸준히 해오고 있다.

이제는 씻고 나와 아이들 주변에 무릎앉아만 하면 자연스럽게 한 녀석씩 와서 안기는데, 평소 안을 때보다 이때 포옹은 느낌이 사뭇 다르다. 모르긴해도 아이들도 남달리 느끼는 듯 하다면 내 착각일까? 전에 얘기했던 주먹치기와는 달리 의도하지 않은 또 다른 리추얼(ritual)이 됐다는 생각이다. 아이들이 더 자라도 이것은 자연스레 이어졌으면 좋겠다는 작은 욕심을 내본다.

양반다리 1

어쩌다 바닥에 양반다리를 하고 앉아 있으면 마치 기다렸다는듯이 아이들이 엉덩이를 들이민다. 소위 무릎 위에 아이를 앉히는 모양새인데, 이제까지 숱하게 많이 앉혀왔음에도 요즘 들어 느낌이 무척 다르다.

왜 그런가 곰곰이 생각하다 이게 아닌가 싶은 것이 있었는데, 그것은 '곧 사라질 경험' 이란 예감이었다. 여전히 딸내미도 앉긴 하지만, 이제는 키가 커서 딸내미 머리 옆으로 내 머리를 움직여야 앞이 보인다. 아들녀석이 앉으면 어느새 녀석 정수리가 내 턱에 닿고 있었던거다. 그랬다. 아이들이 빠르게 자라버리는 것이다.

이것을 알게 된 후로 무릎이 저려도 내려오라는 소리를 잘 못하겠다. 아이들 등이 내 가슴에 닿고 아이들 머리와 뺨이 내 턱에 닿는 그 느낌, 그리고 그 냄새... 누릴 수 있는 지금, 많이 누리련다.

물들어올 때 노저었더니

딸내미가 인라인 스케이트에 관심을 보이기 시작한 것은 여섯 살 무렵, 가까이 사는 사촌 오빠의 인라인 스케이트 장비 일체를 물려받은 뒤부터였다. 호기심 많은 녀석이라 조금만 꼬드기면 타려고 하겠구나 싶었고, 집 앞에서 두 번인가 가르쳤다. 준비운동하고 장비 챙기는데 십오 분, 걸음 좀 걷고 힘겹게 몇 번 밀어보는데 십오 분, 장비 벗고 챙기는데 십 분일 정도로 연습시간은 짧았다. 아마 예전에 강사자격을 취득하고 유아강습을 하면서 경험한 바가 없었다면 '이래가지고 언제 타겠니?' 라는 말은 꾹 참았어도 표정으로 다 드러났을지 몰랐겠다 싶을만큼 답답했다.

근력이 안되는 것은 어쩔 수 없는 일이었다. 정신력과 근성으로 버텨내는 성향의 아이들이라면 다른 방법을 써도 되겠지만, 딸내미에게는 그렇게 해서는 안되었다. 터울이 얼마가 됐건 타고 싶다면 타러 나갔고, 십 분을 타건 십오 분을 타건 그만하고 싶다면 그만했다. 꾸준히 연습을 하느냐보다는 아이가 인라인 스케이트에 흥미를 잃지 않는게 훨씬 중요했다.

일곱 살이 되었는데도 그런 현상은 계속 됐다. 더구나 오랜만에 만난 절친이 스케이트를 구입한 곳에서 무료로 해주는 강습을 몇 번 받았다는데 휙휙 타는 게 눈에 보이는데, 자기는 여태 걸음마를 하고 있으니 마음이 그랬는지 한동안 인라인 스케이트 타고 싶다는 말은 사라졌더랬다.

그런 상황을 만나면 기를 쓰고 연습을 하는게 아니라 나중에 혼자 연습해서 짜잔~하고 싶어하는 것까지 닮았다. 그런건 안닮아도 좋겠는데... 마음은 굴뚝같

앉지만 굳이 꼬드기지 않았다. '그 친구는 우리가 연습안하는 동안에도 연습을 했기에 그 정도 타게 된거야, 너도 연습하면 잘 타게 돼' 라는 말로 아이가 주눅 들지 않게끔만 다독였다. 인라인 스케이트 접는다는 마음만 먹지 말거라하는 바램을 얹어서.

여덟 살이 된 올해, 아직 찬바람이 잦아들지 않은 때부터 딸내미는 인라인 스케이트 타러 나가자고, 가르쳐 달라고 법석이다. 날이 너무 춥거나 아이가 감기에 걸려 있거나 미리 잡힌 약속때문에 몇 번이 미뤄졌는데도 잊지 않고 매번 타러 가자던 녀석. 결국 아직 감기가 채 낫지도 않았지만 데리고 나섰다. 집을 나설 때부터 스케이트를 묶은 배낭과 헬멧까지 직접 매고 들겠다며 의욕을 보인다. 집 근처의 잘 닦인 사백 미터 트랙. 트랙만 봐도 스케이트 신고 달리고 싶은 마음이 몽실몽실 올라올 정도로 날도 따뜻하다.

첫번째 시도. 겨우내 한 번도 탈 수 없었으니 제대로 설 수조차 없다. 실망하는 빛이 역력하다. 낑낑거리며 옛 기억을 되살리더니 서서 몇 걸음 걸어보다 이내 발목이 아프다며 그만타고 싶단다. 트랙 중앙의 연습공간에 들어선지는 십 분 정도밖에 안됐지만, 두 말없이 빠져나왔다. 엄마와 둘째가 기다리던 돗자리에 돌아와서는 한 시간가량 놀이터에서 놀던 녀석은 이제 그만 집에 가자며 자리를 터는 그 때 또 인라인 스케이트를 타고 싶다며 돌아왔다.

날이 좋았다지만 해가 지는 와중이라 바람이 차가와지고 있었다. 그런데 아이 눈빛이 이상했다. 평소 같으면 이유를 납득하면서 따라나설 것이었는데, 그날따라 유독 한 번 더 타고 가겠단다. 퍼뜩 머리에 스치고 지나가는 생각. '물들어 올 때 노저어야 한다' 그래! 아빠랑 더 타고 가자며 다시 트랙으로 향했고, 딸내미는 아빠의 응원을 받으며 사백 미터 트랙을 두 바퀴나 제 힘으로 돌아내는 저력을 발휘했다!

운동이 끝나갈 즈음 힘들어서 바닥에 앉아있는 딸아이의 표정은 내가 한참 운동할 때 느끼던 그것과 다른 게 없었다. 자기도 믿기지 않는다는 표정, 이게 이렇게 재밌는 것이었다니라는 표정, 나도 잘 탈 수 있겠다는 희망이 담긴 표정, 자신감이 부쩍 올라온 표정들이 사이좋게 아이 얼굴에 떠 있더라. 장비를 끄르고 공원을 빠져나오면서 딸내미는 두 주먹으로 나와 주먹인사를 했다. 그렇게 딸아이는 인라인 스케이트를 자유롭게 타기 위해 넘어야 하는 중요한 고비 하나를 넘어서고 있었다.

녀석이 그런다.

"아빠, 나 연습 좀 더 하면 여기(트랙)에서 아빠랑 같이 달릴 수 있겠다, 그치?"

빙긋 웃음으로 답을 대신 했지만, 가슴속으로는 크게 소리쳤다.

"그러엄~! 그런 날을 얼마나 손꼽아 기다리고 있었다구!!"

농가진과 아다리

농가진. 전염성이 높은 피부감염증. 지저분해 보이는 물집, 고름과 딱지가 생기는 것이 특징.

몇 주 전, 둘째가 오금을 심하게 긁고 난 다음 날 군데군데 살갗이 벗겨져 벌건 살이 드러났다. 아토피 때문에 심하게 긁어서 그런 것이라 여겼다. 마침 한동안 끊었던 해독주스를 다시 시작한 며칠 후였어서 혹시나 그로 인한 명현증상이 아닌가 싶기도 했고, 오랫동안 복용해오던 한약의 효과가 드디어 나타나는 건가 살짝 기대도 했다.

하지만 가려워하는 정도는 하루가 다르게 심해졌고, 상처 부위는 순식간에 커지면서 팔꿈치 안쪽으로 허벅지로 옮아간데다 박트로반을 발랐던 상처부위는 까맣게 딱지가 지는게 아니라 마치 설탕이 녹는 모양처럼 하얀 딱지가 지는 등 이상했다. 의심이 들었을 때 움직였어야 했는데, 어찌 그리 미련했던건지 지금 돌이켜봐도 이해가 안된다.

아이와 아내는 물론 나와 딸아이까지 밤새 잠을 설치는 날이 일주일 가량 계속 됐다. 한시도 안쉬고 긁기 때문에 아내와 번갈아 보초를 서야 했고 가려운 곳을 두드려주고 문질러주고 꼬집어주느라 팔은 떨어져 나가는 듯 했다. 가려움을 덜고자 유시락스를 먹였지만 한두 시간 효과가 날 뿐이었다. 과용 우려때문에 더 먹일 수도 없었다. 잠을 거의 못자는 날이 계속되자, 결국 금요일은 휴가를 내야 할 정도로 피로감은 누적됐고 딸내미도 면역력이 떨어져 심한 열감기에 시달렸다.

입 주변까지 상처가 조그맣게 올라온 걸 보고서야 피부과를 찾았다. 농가진인데 왜 이제 왔느냐는 소리를 들었다. 왜 그랬던건지 곱씹고 곱씹어봐도 뭐에 홀렸다고밖에 표현할 길이 없다. 도대체 이렇게 아다리가 맞을 수도 있는건가? 아토피 피부염을 가진 아이들에게 오기 쉬운 질환이란다. 긁으면 진물이 나면서 가렵고 그 진물 묻은 손으로 다른데 긁으면 옮으니 주의해야 한단다. 아들의 옷도 따로 세탁하라 했고 전염 우려가 있으니 유치원도 쉬어야 했다. 어차피 가려움이 심해 보낼 수 없긴 했었지만.

오금과 팔꿈치 안쪽이 무척 심했고 무릎, 팔꿈치, 허벅지로도 번져있던 상처는 박트로반과 처방받은 항생제 덕에 다행히 빠르게 아물어갔다. 상처 부위가 넓을 때 박트로반을 바르면 찢어지는 소리를 내며 고통을 호소하는 아이의 모습이 눈에 귀에 박혀버릴 정도였지만... 오금과 팔꿈치 안쪽에 거즈를 둘러 상처에 달라붙자 O다리를 하곤 종일 오그린 채 마치 노인처럼 뻣뻣하게 움직이던 모습에 차마 그러지 마랄 수도 없을 정도였지만...

상처 부위가 딱지로 뒤덮힐 즈음 '둘째야, 딱지 밑으로 새살이 올라오고 있는 중인데, 새살이 딱지를 밀어낼 때까지 둬야 해. 가렵다고 손으로 떼어내면 다시 상처가 생기고 진물나고 가려워지게 돼' 라는 설명을 하루에 한 번씩 거의 매일 한 것 같다. 가려워 참기 힘든데 아이는 자기최면을 거는 것이었을까? 수시로 저 말을 되뇌이며 상처부위를 어루만진다. 이 악물고 '으~ 으~' 소리를 터뜨리며 주먹을 꽉 쥐고는 바닥을 내려치기도 했을만큼 견디기 힘들었을텐데 용케 잘 버텨주었다.

딱지가 앉고 또 떨어지는 와중은 아다시피 몹시 간지럽다. 아이와 부모 모두 밤잠 좀 자라며 처방해준 항히스타민제는 4시간 지속용이건 12시간 지속용이건 아무 소용이 없었고 항생제를 병행한 후 닷새는 병원가기 전의 날들과 다르지 않을만큼 두드려주고 긁어주고 문질러주며 하얗게 새야 했다.

엿새째 되는 날부터 상처부위를 넓게 덮었던 딱지들이 우수수 떨어지기 시작했고, 그 속으로 척 보기에도 고와보이는 새 살들이 나타났다. 당시 심경이 뭐라 표현이 잘 안되네... 아직 남은 상처 부위때문에 자는 동안 가려움이 간헐적으로 올라오곤 하지만, 전체적인 아이의 가려움은 급격히 호전됐고 자연스레 아들내미와 아내, 딸아이의 컨디션도 나아지고 있다.

온 가족이 밤을 새다시피 하던 며칠 동안 아들내미가 했던 말,

"엄마, 잠도 못자고 나 돌봐줘서 고맙습니다"
"아빠도 피곤할텐데 고생이다"
"누나한테 미안하네, 나 때문에 엄마랑 같이 못자고"

참내, 너 여섯 살 맞니? 아이가 농가진을 겪으며 가늠할 수 없을만큼 성숙해버린 것같아 대견하면서도 씁쓸하면서도 너무 미안하다.

분노의 롤라질

롤라, 검색을 해보니 먼지제거기 또는 테이프 클리너라 불리는 도구다. 옷에 묻은 먼지 떼내는데 주로 쓰는 이것을 아내와 아이들은 롤라라고 부르는가 본데, 우리 집에서는 옷이 아니라 침대보 위에 떨어진 각질(아들이 자는 동안 아토피로 가려워 긁으면서 떨어지는 게 많다)을 청소하는데 쓰고 있다.

퇴근 후 늦은 저녁을 먹고 있는 중에 아이들 잘 시간이 되자 아내가 아들에게 '잠깐만~(기다려) 롤라 좀 하고' 라며 화장실을 다녀오더니 제자리에 없는 롤러를 연신 찾는다. 그러고보니 옆에 롤러 케이스만 덩그러니 놓여있고 롤러가 없는게 아닌가?

애들에게 롤러 못봤느냐고 물어보고 있자니, 딸애는 내 뒤에 있었고 아들내미는 어디로 갔는지 보이질 않는다. 혹시나 하고 안방으로 들어갔던 아내가 나오더니 웃음 섞인 묘한 표정을 짓길래 가봤더니 저러고 있다.

카메라를 가져다가 뒤에서 찍는데도 모른 채 열심히 롤라질이다. 그날 엄마의 추가 롤라질은 필요가 없을만큼 깔끔하게 밀렸더라.

간지러워도 좋아요?

오랜만에 중국집에서 요리와 짜장면을 시켜놓고 작은 잔칫상을 벌였다. 열심히 각자의 먹을 것에 집중하고 있던 중에 뜬금없이 아들내미가 묻는다.

"간지러워도 (저) 좋아요?"

소주를 서너 잔 마셔 취기가 돌 때여서 더 그랬는지 눈물이 왈칵 쏟아질 뻔 했다. 이유를 물어보지는 않았지만, 갑자기 오만 가지가 생각나 찔렸기 때문이다.

매일 밤 주기적으로 가려움이 오는 아이의 환부를 두드려주고 긁어주고 문질러주다보면 나도 아내도 사람인지라 피곤할 때는 짜증도 내고 한다. 나도 모르는 새 팔이 빠질 것 같다는 혼잣말을 할 때도 있고 깊은 한숨을 몰아쉬고 난 뒤에야 깜짝 놀라 자책하는 때도 있다.

선잠을 자는 것 같던 아들은 그런 때면 어김없이 고개를 살짝 들거나 실눈을 뜨고 나를 살핀다. 밥 먹다 말고 아이가 갑작스레 그 이야기를 꺼낸건 아마도 그런 시간들이 쌓여있다 자연스레 터진 게 아닐까? 목구멍을 넘어오는 울음을 삼키는 어색함을 감추려고 아들의 정수리를 세차게 문지르며 답했다.

"그으으러어어엄~!"

아이에겐 내 진심이 전해졌을까.

결혼했으니까

아이들은 부모의 다툼에 민감할뿐 아니라 냉랭한 기운마저도 귀신같이 눈치챈다고, 우리 애들도 예외가 아니다. 문제는 예민해도 많이 예민한 것 같다는 건데, 도대체 장난을 칠 수가 없다. 우리끼리는 장난처럼 만담처럼 주고받는 상황에도 아이들은 혹시 다투는게 아닐까 싶은 표정으로 빤히 쳐다보고 있다.

어느 날 욕실 앞에서 옥신각신 장난 반 진담 반 승강이를 벌이던 아빠와 엄마를 지켜보고 있던 아들내미가 타이르듯 하는 말.

"결혼했으니까 싸우지말고 사이좋게지내에"

개구리와 두꺼비

어릴 적을 돌이켜보면 가장 재밌었던 종이접기는 개구리와 두꺼비 접기였다. 딸내미가 학교에서 접어왔다는 개구리를 보고서는 내가 알던 개구리와 달라서 검색을 해봤고, 옛(?) 방식으로 접는 방법을 알아냈다. 그렇게 접는 방법을 알려줬더니, 저런 대가족을 만들어내더구만.

하긴 나도 그랬던 것 같다. 색종이 크기에 갇혀있지 말라고 일부러 큰 달력종이를 구해다 대형 두꺼비를 접어주기도 했는데, 만들다 보니 나도 빠져들더라.

며칠을 개구리와 두꺼비 가족 만드는데 흠뻑 빠져있더니만, 학교에 가서 친구들에게 접어 선물해주기도 하고 사촌오빠에게 접는 방법을 가르쳐주기도 한다. 아직은 누가 만든 게 더 멀리 뛰어나던가 등짝의 삼각형 가리기같은 것에는 관심이 없다. 그냥 대량생산을 누가 더 많이 해내느냐 하나로 논다. 어쨌든 아이는 새로 경험하는 것 자체도 매우 흥미로워하지만, 그렇게 겪은 것을 또래에게 나누는 과정을 지나면서 보다 더 큰 기쁨을 누리는 것 같았다.

작은 바람이자 욕심이 있는데, 아이들이 자라서 누군가에게 '그건 어디서 배웠어?' 라는 질문을 받을 때 '어릴 적에 아빠가 가르쳐줬어' 라는 대답을 할 수 있는게 한두 개라도 있었으면 좋겠다는거다. 내가 기억을 못하는 걸꺼야라며 위안삼아 보지만, 내게는 아빠한테 배운 거라며 또렷이 기억나는 것이 없기 때문이다.

겨울왕국 더빙판을 보면 '태어나서 처음으로(for the first time in forever)' 라는

곡이 있는데, 그 노래를 듣는 동안 여러 가지 생각이 교차했었다. 딸애와 아들 내미에게 있어 태어나 처음 겪는 경험은 수도 없이 많을거다. 의식적으로 노력하지 않으면 어쩌다 가끔 함께 하는 경험은 새털같이 많은 경험에 묻혀버리는 게 당연하겠구나 싶다. 더군다나 함께 하는 시간이 엄마에 비할 수 없이 적은 아빠라면 더더욱 말이다.

부자연스럽게 들릴지는 모르겠지만, 함께 하는 경험이라면 과도하지 않은 범위에서 되도록 인상적이고 특별한 시간으로 만들려고 애쓰는 편이다. 바라고 욕심만 내고 있지 않으련다. 할 수 있는 것을 시도하면서 그러련다. 그럼 가능성은 조금이라도 높아질테니까.

함께 두꺼비와 개구리 접기,
함께 두발 자전거 타기,
함께 인라인 스케이트 타기,
함께 스키 타기,
함께 휴양림에서 산책하기,
...

또 무엇이 있을까 생각해본다.
아이와 함께 하는 시간이 많아질수록 더 잘 찾을 수 있는건 분명하다.

마시멜로

#1

고창에서 농사를 짓고 있는 지인의 집을 찾아가던 길, 갑작스레 지정된 임시공휴일까지 생기면서 극심한 교통체증이 뻔해 국도로만 달리다보니 평소 고속도로로 쌩쌩 지날 때는 눈에 잘 들어오지 않던 광경들이 보인다. 지루해 넘어갈 지경인 아이들이 선택한 마지막 돌파구는 말이 되든 안되든 재잘거리고 보는 만담타임. 마침 창밖에 자주 보이던 저것들을 보더니, 일제히 '마시멜로다!, 마시멜로다!' 소리친다. 이어서 한 녀석이 '저 마시멜로 속에는 뭐가 들어있을까아아~?' 라며 마치 상대의 답을 알고 있다는 듯 만면에 웃음끼를 가득 안고 묻자, 얼씨구 다른 녀석은 기다렸다는 듯이 '작은 마시멜로가 어어엄~청 많아!' 하더니만 둘이 배를 잡고 꺄르거린다. 녀석들 참... 음, 근데 진짜 마시멜로 같네.

#2

늦은 오후에 도착해 짐만 대충 부려놓고 밭일을 거들러 나갔다 왔더니만, 딸내미가 없어졌다. 아이들만 다섯이었는데 세 녀석은 마당과 옥상을 뛰어다니는 게 보이는데 딸내미랑 한 녀석만 안보이고 기척도 없다. 집 근처를 두리번거리며 찾아 나선 어른들중 하나가 기함을 한다. '야 이놈들아, 왜 개장 안에 들어가 있는거여?! 얼른 나와!' 그랬다, 딸내미는 개장 속에 들어가 놀고 있었던거다.(개집 아니다, 개장이다) 그 정도로 좋았기 때문일까 개장 속에서 같이 놀던 강아지 세 마리가 가장 눈에 밟힌다며 시골집을 떠나기 전부터 울던 녀석은 그러고도 삼십 분은 족히 흐느꼈다.

#3

작년에는 복분자를 땄는데, 이번에는 고구마를 심고 고추를 심어놓은 미니 비닐하우스에 구멍을 내는 밭일을 했다. 고창으로 내려간 네 명의 아이들은 고구마 심는 법을 가르쳐줘도 열 줄기도 안심고 놀러가버리고, 평소에는 손도 못대게 하는 커터 칼을 쥐어주며 고추를 덮은 비닐에 구멍내는 요령을 알려줘도 곧 가버리기 일쑤다. 근데, 아들 녀석이 이상하다. 넷중 가장 어린 녀석인데 비닐에 커터칼로 구멍을 내고 웃자란 고추줄기를 꺼내주는 작업은 아주 열심이다. 어른들과 함께 시작해서 저 정도 밭을 전부 끝낼 때까지 붙잡고 앉아 하더라. 평소 진득하니 뭔가에 집중하는 적이 별로 없던 녀석인데 말이다.

#4

작년에 1박2일, 올해는 2박3일. 묵은 날이라고 해봐야 2년을 합해 3박4일에 불과하건만 고창에 대한 아이들의 기억과 욕망은 대단하다. 마치 녀석들의 고향이라도 되는 양 절절한 마음이다. 과연 무엇이 아이들을 감동시키는걸까. 그냥 조용하고 심심한 그리고 느릿한 일상이 반복되는 촌인데 말이다. 아이들에게 물어 들은 이유는 별다른 게 없었다. 밭이 있어 좋았고, 금이 은이 동이(강아지 이름이다)랑 놀 수 있어 좋았고, 농가주택 옥상이 좋았단다. 그리고 그런 환경에서 같이 뛰놀 수 있는 아이들이 있으니 더할 나위가 없었겠지. 그 정도 손보탠 것도 밭일한거라고 온몸의 근육이 욱신거리지만, 허리가 끊어질 것 같다며 매번 투덜거리지만, 고창 다녀오자는 말에 토를 달지 않는 큰 이유가 아니겠나.

무지개친구들

딸내미는 손으로 하는 여러가지를 좋아하는 편이다. 오리는 거 만드는 거 칠하는 거 그리는 거 등등. 학교가서 고학년 학생들이 그린 그림들을 접하더니 자극을 받아서인가 이것 저것 그려대고 있는데, 그중 인상적인 그림 하나를 만났다.

딱 봐도 빨주노초파남보 무지개색 옷을 입고 있는 사람들일 뿐인데 뭐가 인상적이었을까. 작가의 설명은 이랬다.

"일곱 명은 친구들인데 비가 오는 날 각자의 비옷을 입고 만난거야. 얘는 햇님, 얘는 올챙이, 나머지는 개구리... 빨간 비옷을 입은 아이는 우산을 들고 있는데, 혹시 비옷을 안가져온 친구가 있으면 빌려주려고 가져온거구"

아빠가 있으면 잘 할 수 있을 것 같은데...

둘째가 혈액검사 날짜를 받곤 아내에게 그랬단다.

"아빠가 있으면 잘 할 수 있을 것 같은데..."

아마 채혈하는 날이 평일이고 몇 해 전에 먼저 피를 뽑아봤던 누나의 생생한(?) 증언 덕에 겁이 났던 모양이다. 겁도 많고 엄살도 많은 누나가 얼마나 과장되게 이야기해줬을지 안봐도 비디오니 아들이 불안해하는건 당연했다. 한의원을 다니면서 침을 맞아야 했을 적에도 나와 함께 가는 날은 의연하게(?) 잘 맞고 나왔고, 엄마와 둘이 가는 때는 한 두번을 제외하곤 전쟁터를 방불케 했다니 희한한 일이다. 왜 아빠와 있으면 더 참는걸까? 정작 나는 아프면 울어도 되고 그렇게 우는건 자연스럽고 당연한거고 아빠도 아프면 운다고 이야기해주는데 말이다. 혹시라도 애가 난리칠까봐 나름 마음도 단단히 먹고.

아들내미가 며칠 간격으로 잠들기 전에 울면서 불안을 호소하자 아내도 부담이 됐는지, 쟤 나랑만 가면 생난리칠텐데 어찌 감당할지 아득하다는데 별 수 있나? 오후 반차를 내기로 했다. 검사 전날, 내일 아빠도 같이 갈거야하고 건넸을 때 녀석의 표정이라니! '진짜?!' 라며 깜짝 놀라는데, 모른 척 했더라면 어땠을까 싶었다.

점심도 거른 채 부랴부랴 병원으로 향했다. 진료의 마지막을 채혈이 차지했는데, 이 녀석 아빠가 곁에 있어도 불안한 기색이 역력하다. 채혈실 앞에서 대기하고 있는 중에 안을 들여다보고 오더니 차마 소리는 못내고 눈물만 주루룩 흘린다. 아마 엄마만 있었다면 소리지르며 울었을까? 그럴만도 한 것이 채혈하려 앉은 아이들 중 의연한 경우가 한 녀석도 없었다. 자기보다 서너살은 많아뵈는 아이들이 울고 소리 지르고 팔 빼고 도망다니는 것만 보이니 어찌 겁이 안날까. 슬금슬금 도망가려는 녀석을 데려다가 얘기했다.

"정 못하겠으면 안해도 돼. 하지만 오늘 안하면 다음 번에 해야 해. 안할 수는 없는 것이니, 아들 네가 결정해"

그런 대화를 하는 와중에도 채혈실이 떠나가라 소리 지르던 아이들이 도망나와 주변을 어슬렁거리고 있었다. 아이는 난처함과 두려움과 아마도 아빠에게 약한 모습을 보이고 싶지 않은 마음까지 더해져 묘한 울상을 지으며 고민하더니, 이내 오늘 하겠다고 결정했다. 덧붙였다.

"아들, 피 뽑는건 아빠같은 어른도 아파. 네가 아픈건 당연한거야, 참기만 할 필요없어. 아프면 울어도 돼"

녀석은 울먹이며 '아빠도 (아파)?' 하더니 조금 위안이 됐던지 채혈실로 향했다. 채혈대 앞에서 아이를 앉히고 나는 그 옆에 무릎앉아 고무줄을 매고 알콜솜으로 닦는 동안 계속 눈길을 보내는 녀석에게 말을 걸고 시선을 내쪽으로 돌렸다.

"아들, 아빠 봐야지. 쳐다보고 있으면 더 아프게 느껴져. 지난 번에 얘기했지? 바늘 들어오면 자기도 모르게 힘이 들어간다고. 힘준 채로 있으면 더 아프니까, 힘 뺐다가 자기도 모르게 다시 힘들어가면 또 빼고 반복하는거라고"

두 눈에서 연신 주루룩 눈물을 흘리며 나를 보는 사이 언제인지도 모르게 바늘은 들어갔고 피가 빠져나갈 때 느껴지는 묘한 기분에 다시 한 번 눈물 흘리던 녀석은 잘 참아내며 그렇게 채혈을 마쳤다.

뒤에서 기다리며 그 장면을 지켜보던 자기보다 형, 누나들의 눈을 의식한 듯 아이는 한껏 의기양양했고 대기석에 앉아 미리 약속했던 죠스바 하나씩 베어 물며 자축했다. 이 녀석, 상상했던 것보다는 안아팠다며 너스레까지 떤다. 쪽쪽 빨아먹던 녀석이 갑자기 진지하게 부탁을 하는데...

"아빠, 엄마랑 누나한테 아빠가 꼭 말해줘"
"음? 뭘? 너 피뽑을 때 대단했다고?"
(끄덕끄덕)

그 날, 녀석은 엄마에게도 누나에게도 사촌형들과 외숙모는 물론 외할머니께까지 자랑하고 다녔다.

골든타임

일요일 아침, 애들 등쌀에 실눈으로 시계를 보니 늦은 시간이 아니다. 조금 더 자도 된다. 아내는 일찌감치 애들 아침먹이고 성당을 갔나보다. 근데... 얘네들이 왜 이러지? 침대에 두 녀석이 모두 들어와서는 가만히 있는 것도 아니고, 계속 일어나라 아우성은 물론이요. 밀고 치고 들이받는다.

아들녀석이 그러는 경우는 가끔 있었어도 딸내미까지 함께 이러는건 거의 처음이다. '엄마가 시켰니?' 라 묻기도 하고 '9시까지만 잘께(이십 분 남았다)', '너희들끼리 놀고 있어' 라며 꿋꿋이 버텨봤지만 역부족이다. 결국 십 분을 못견디고 나와 식탁에 앉았는데... 이 녀석들, 방에서 뛰어나오더니 각자의 놀이를 하고 있다. 야~ 이놈들아~ 대체 난 왜 깨운거니?

아침을 대충 챙기고 오랜만에 설거지도 좀 하고 역시나 오랜만에 걷어놓은 빨래도 좀 개고 있자니 아내가 들어온다. 이미 애들은 집앞 놀이터로 달려나갔다. 아내를 앞에 두고 볼멘소리를 했다.

"아니~ 오늘따라 애들이 왜 이러지? 이제까지완 다르게 일어나라며 딱붙어서는 치대는데, 정말 괴로웠어"

말이 끝나기 무섭게 아내가 그런다.

"어이구, 이제야 애들이 아빠가 좀 편해진 모양이네? 당신 생각해봐, 예전에 어땠는지. 애들이 깨우러 들어갔다가 당신이 한마디 하면 아무 소리 못하고 다시

나왔던 거 기억안나?"
"그랬었나…?"

혹시 이유가 아닐까 싶은게 있긴 하다. 토요일 오후, 봉사활동을 다녀오는 길에 주차를 하고 있으려니 놀이터에서 놀다 차를 발견한 녀석들이 냉큼 뛰어오더니만 지난 번에 배우다 만 인라인스케이트를 가르쳐달란다. 이번에는 아빠도 함께 스케이트 신으라는 추가 주문도 함께.

딸내미는 인라인스케이트를 타고 아들녀석은 자전거를 타며 무려 세 시간 가까이 보냈다. 이제껏 서너 번의 교육 동안 길어야 한 시간을 못채우고 그만하자던 녀석이었는데, 스케이트가 무겁다거나 발이 좀 아프다며 너다섯 번을 벗었다 다시 신는 번거로움을 감수했다.

그간 다그치지 않고 기다린 보람이 있었는지 지난 번과는 완전히 다른 모습을 보이는 딸내미. 한껏 칭찬해줬더니만 끝물에는 엄마에게 보여주고 싶단다. 남동생 편으로 엄마 소환. 엄마의 놀란 토끼눈 리액션에 흠뻑 취하더니만, 자기도 타보겠다며 아까부터 기다리느라 입이 대빨 나와있던 남동생에게 선심쓰듯 스케이트를 빌려준다.

애는 뭐, 보호대는 꽉 조였어도 헛돌고 발도 작고 아직 근력도 부족하고… 내가 붙잡고 끄는대로 미끄덩 미끄덩하며 코메디를 연출하다가는, 막판에 꿇어 앉아 있다 일어나는 동작을 혼자 힘으로 해낸다. 사내놈이라 좀 다르긴 다르다. 그렇게 아들내미도 아빠와 엄마에게 한껏 칭찬과 엄지 척을 받았으니 기분이 좋을 밖에. 아마 온가족이 모여서 뭔가 공통의 것을 하고, 그 과정에서 얻은 기쁨과 만족감이 일요일로 이어졌던 덕이 아니었나 싶었던 것.

아내가 말한 것처럼 이제 애들이 나를 편하게 느끼게 된 것일까라는 의구심은 여전하다. 왠지 이 상황을 다 믿어버리면 긴장이 풀어질 것 같아 추스리는 것이기도 하지만, 만일 사실이라면... 팔 년 걸렸다. 아이들하고 이 정도 친해지는데, 아이들하고 눈높이 맞춰 놀 수 있게 되는데 팔 년. 꽤 열심히 뭔가를 해왔다고 생각했는데 무척 많은 시간이 걸렸다. 그렇다 하더라도 조금 더, 그리고 꾸준히 해나가야 한다. 앞으로 몇 년밖에 안남았으니 말이다. 아이들이 나하고 놀아줄(?) 시간들이.

이 시간이 지나버리고 나면 언제 또 들어보겠나. 아빠랑 뭔가를 같이 하고 싶다는 말을 말이다. 아이들과의 관계에 있어서 지금은, 글자 그대로 '골든 타임'이다.

어제 데이트해서 그러는고야?

얼마 전 결혼기념일로 아내와 둘이서만 저녁식사를 했다. 다음날 늦게 출근해도 되는 날이어서 오랜만에 모두 모여 아침식사를 할 수 있었는데, 먼저 나와 식사를 챙기던 아내에게 다가가 옆에서 안았다. 주말이면 가끔씩 그러기 때문에 어색하거나 낯선 장면은 아니었다.

그런데도 아내와 포옹을 하고 있으면 희한하게 아이들의 시선이 꽂힌다. 더 어릴 때는 달려와 떼어놓거나 트라이탄 합체~하며 끼어들었지만, 언젠가부터는 지그시 쳐다보고만 있다.

그날도 아이들은 식탁에 앉아 밥을 먹다 말고 우리를 보고 있었고, 아들 녀석이 던진 뭐 좀 알겠다는 뉘앙스의 시크한 한 마디에 잠시간의 침묵이 깨졌다.

"어제 데이트해서 그러는고야?"

내가 할거야

아이들이 얼마 지나지 않아 내 품을 떠나겠구나라는 생각이 들었던건, 부모의 도움이 필요했던 것을 언젠가부터 '내가 할거야' 라며 직접 해보다 결국 혼자 하게 됐을 때였던 기억이다. 언제쯤 혼자 할 수 있으려나 오매불망 기다렸던 마음은 어디로 가버렸는지 그 마음만큼이나 섭섭함이 올라왔던 경험. 그런데 최근 들어 그런 오묘한 경험을 또 다시 하고 있다.

이 또한 부모 도움이 절대적으로 필요했던 것을 혼자하게 된 것이란 맥락은 같은데, 왜 그렇게 다른 것처럼 느껴지는지는 모르겠지만. 바로 목욕이다. 서로 살을 맞대는 시간이어서 더 특별하게 느끼는 것일까? 혼자 다 씻었다며 머리에 수건 두르고 알몸으로 뛰어다니는 녀석들을 보며 말로는 '우리 애들, 정말 많이 컸네' 하며 손가지 않는 것을 누리는 척했지만 마음 한 켠에 딱 그만큼의 서운함이 자리하는 건 어쩔 수 없다.

진성포경

가끔 일찍 귀가하는 날이면 가족이 함께 저녁을 먹는데, 그렇게 둘러앉게 된 어느날 아내가 어이없다는 듯 이야기를 건넨다.

"동네 도서관에서 와이? 책을 빌렸는데, 그중에 '사춘기와 성'이 있었거든? 그걸 냉큼 다 읽었나봐. 내게 오더니 엄마, 나 배아픈데...이거 월경통인가? 이러는 거 있지?"

그러며 웃겨~란 눈빛을 딸에게 보내니 녀석은 민망한 듯 부끄러운 듯 엄마 팔뚝을 쥐어박으며 뭐라 한다. 음? 벌써 이런 수준의 성교육을 접해도 되는건가 싶은 생각도 잠시 딸 입에서 나온 자연스럽고 천진난만한 한 마디. 진.성.포.경.

그게 뭐냐며, 엄마도 모르는 건데 하는 아내의 표정이 가관이었다. 앞에 앉았던 나는 밥풀이 튀어나갈 뻔하고. 여전히 천진난만한 표정으로 진지하게 엄마에게 설명해주는 딸내미. 아~ 이거 무슨 시츄에이션이니. 식사를 마친 후, 와이책을 들춰봤다. 이런 류(?) 제법 봤다 자부했는데, 새로운 사실들이 일목요연하고 재밌게 잘 설명되어 있는 통에 완독했네.

다음 날 아침. 출근하려 씻고 나와보니 언제나 그렇듯 딸내미가 나와 책을 읽고 있다. 물어봤다.

"딸, 어제 읽었다던 사춘기와 성 읽는동안 불편하거나 놀랄만한 내용은 없었어?"
"응, 없었는데?"

필담

딸아이는 일찍부터 글자에 관심이 많았다. 책을 들고 와서는 이 글자는 무엇이냐 저 글자는 어떻게 읽느냐를 물었다. 귀찮으리만치 묻고 또 묻던 몇 달 후 거짓말처럼 혼자 책을 읽게 되었다. 맨날 책읽어달라던 녀석이 이제는 자기가 읽다 자겠다며 동생한테 읽어주랄 때면 낯설면서 편하고 한편 아쉽다. 필요에 의해 깨친 탓일까, 지금도 녀석은 동생이 뒹굴거리는동안 책을 빼다 읽는다. 요즘은 WHY? 책에 푹 빠져있다.

쓰기는 학교 입학을 앞두고서야 본격적으로 연습했던 기억인데, 그 때도 대체로 스스로 해나갔다. 쓰기연습을 시키고 있다느니 하는 이야기를 아내에게 들은 적이 없으니, 읽기할 때처럼 묻는 거 알려주고 관심가지면 쓰기공책 사주는 정도였을거다. 한 번은 딸내미가 종이와 연필을 내밀더니 '우주' 에 관련된 단어들을 백 개만 써달라고 해서 진땀을 뺀 적도 있었다. 생각해내는 것도 쉽지 않지만, 얼마만에 손글씨였던지 손이 저려서 혼났다.

퇴근을 했음에도 아직 아내와 아이들이 들어오지 않았던 어느 날, 중문 손잡이 바로 밑에 붙어있는 포스트 잇을 발견했다. 집안에도 붙일 곳 투성이인데, 아마 딸내미는 여기라면 아빠가 지나치지 않고 볼 수 있겠다 싶었나 보다. 내용은 뜬금없는 '아빠, ㅇㅇ이가 표창 네게 접었서♡~' 동생이 혼자서 종이 표창을 네 개나 접었다는 뜻이렸다!

이 메모가 붙기 전 주말에 색종이로 표창 접기가 안된다며 물어오던 둘째와 마주앉아 몇 번에 걸쳐 접어봤었다. 꽤 반복했는데도 어려워하던 녀석에게 시간을 두고 연습하다보면 금새 쉽게 접을 수 있다 얘기해주고 일어섰던 기억인데, 아마 평일 동안 며칠에 걸쳐 접고 또 접어봤었는가 보다. 그러다 한 번에 네 개까지 접어내는 동생이 누나는 무척 신통해보였을까?

기쁨과 놀람을 약간의 칭찬과 버무려서 이렇게 쪽지로 전해왔다. 기분이 묘했다. 아이가 종알거리며 말하는 것을 들을 때와는 완연히 다른 느낌. 언젠가부터 훌쩍 커버렸다는 생각을 종종 했지만, 이 쪽지를 봤던 때만큼은 아니었다. 아마 맞춤법까지 정확했다면 더 그리 느끼지 않았을까?

딸내미가 학교에서 사흘간 걷기여행을 떠난 날, 현관 옆에 붙여놓은 화이트보드에 적어놓고 간 메모다. 첫날은 학교에서 자고 둘째날은 4~5km 의 산길을 걸어 안양의 휴양림에서 숙박한 후 3일째되는 날 귀가하는 일정이었고, 공교롭게도 산길을 많이 걷는 둘째날은 비까지 예고되어 있더란 아내와의 걱정스런 대화를 들었던 것일까?

적혀있지 않았지만 두 문장의 행간에는 '잘 다녀올테니 너무 걱정하지 마세요' 라는 녀석의 말이 묻혀있는 듯 했다. 씩씩하게 엄마에게 말하고 갔어도 됨직한데 굳이 메모로 남겨 놓은 이유는 행간의 자기 마음을 읽으며 안심하고 있으라는 속깊은 배려는 아니었을까하는 오버 만땅의 억측까지 하게 되더라.

걷기여행에서 돌아와 이것저것 종알거리던 녀석은 사흘내내 울지도 않고 씩씩하게 잘 보내다 왔다고 했다. 1학기만해도 1박2일 들살이에서 잠자려 누웠을 때는 엄마 생각에 눈물이 났다던 딸내미였는데, 그새 아이는 또 몇 뼘 자랐다.

참, 글자에 도통 관심이 없던 아들내미가 드디어 읽기에 도전한단다. 어제는 엄마와 한글 교재도 떡~하니 한 권 사왔더랬다. 함께 들여다보며 십오 분 정도

해봤는데, 허헛~ 이거 꽤나 애먹게 생겼다. 난감해하는 녀석에게 종이접기 잘 하게 됐듯이 매일 조금씩 꾸준히 연습하다보면 금새 잘 읽게 될거라 해줬다. 이 녀석은 언제쯤 누나처럼 쪽지로 아빠엄마 마음을 흔들어놓게 될까?

윤회

딸내미가 와서는 '선생님이 나중에 죽으면, 다시 아기로 태어나기도 한다더라'
며 호들갑을 떠는걸 보니 담임선생님에게 아마 윤회에 대한 이야기를 듣고 왔
던 날이었나 보다.

"아빠도 그런 얘기들은 적 있어"
"좋겠다, 오~래 살 수 있는거잖아"
"하하 오래 살고 싶어? 근데 아기로 다시 태어나면 지금을 하나도 기억못하는
거야. 네가 아빠 딸이었는지도 모르게 되는 거지"
"헥~"
"그리고 엄마아빠도 달라진대. 지금처럼 우리가 부모자식간으로 만날 수가 없
는거야"
"(난감한 표정이 역력하다) 에이, 그럼 다시 태어나지 말아야겠다!"
"음? 하하하~ 고맙네 우리 딸"

손잡고 걷기

아이들과 함께 하는 시간과 경험들 대부분이 경이롭고 신비롭지만, 특히 가슴이 뭉클할 때가 있다. 요즘 같아서는 손을 잡고 걸을 때다. 녀석들이 뒤로 조금 떨어져 걷고 있을 때면, 뒤돌아보지 않고 한쪽 손만 쫙 펼쳐놓는다. 얼른 와서 손을 잡으라는 뜻이다. 금새 알아듣고는 탁탁탁탁 잰걸음으로 다가와 손을 잡는다. 아니, 손을 잡는다기 보다 큰 내 손에 조막손을 집어넣는다는 표현이 더 적절할게다.

녀석들 손이 내 손바닥에 스륵 들어오는걸 느끼는 그 순간이 뭉클한 순간이다. 그리고 그 때마다 미야자키 하야오의 작품들이 생각난다. 그의 작품에는 조그만 아이가 앞서가는 어른에게 빠른 걸음으로 다가가서 손을 잡는 장면이 종종 나온다. 아마 예전부터 그 장면을 보면서 느꼈나보다. 따뜻하다고. 내 아이가 생기면 나도 그런 장면을 연출해보고 싶다고. 녀석들 덕분에 연출도 할 수 있고 따뜻해지기까지 했다. 고맙다.

하긴 나도 아빠가 무섭다

마트 장난감 코너를 다녀온 어느 날 저녁을 먹으러 둘러앉은 자리. 아내가 불만섞인 듯 아들과 얘기중이다. 장난감 코너만 가면 통제불능이라며 애들(특히 아들놈)을 내게 넘기는데, 희한하리만치 난 한 마디면 된다.

"이제 그만 가자"

이런 상황이 반복되니 아내 입장에서는 열받을 만도 하겠다. 그런데, 이 사람들의 대화를 듣다보니... 뭐가 좀 이상하다.

"야, 아들! 너 왜 아빠만 무서워 해? 아빠는 화도 안내지, 큰소리도 안내지, 때리지도 않는데, 왜 아빠가 더 무서워?"
"(데헤헤헤헤)힛~ 그냥 아빠가 더 무서워"
"에휴.... 하긴, 나도 아빠가 무섭다"
"아니... 이거 뭐야? 왜 애먼 날 갖고 그래?"

트리가 왜 이렇게 작아?

딸내미가 크리스마스 트리를 만들자며 얘기꺼낸지는 한참됐다. 여전히 폭탄맞은 듯한 거실은 그대로인데다, 평소에는 별 약속도 없더니만 올 12월은 무슨 일인지 주말마다 일정이 생기는 바람에 차일피일 미뤘기 때문이다.

사실은 창고에 넣어 둔 상자를 꺼내야 하고 만든 후엔 바닥에 흩어진 반짝이 가루들을 쓸어내야 하고 한 달 후면 그 과정을 되짚어 해서 다시 창고에 넣어야 하는 과정이 번거로왔기 때문이다.

내 어린 시절을 돌아봐도, 크리스마스는 원하던 선물을 받을 수 있어서 좋기도 했지만 트리를 만들 수 있다는 기대감과 직접 오나먼트를 달고 꾸민 후 반짝이를 점등하는 순간이 가장 좋았었는데 말이다. 아이들이 몇 번씩 이야기했던 이유도 그런 설렘 때문이었을 텐데.

작은 방 정리를 한참하고 있던 중이었지만 얼른 꺼내 거실에 부려줬다. 두 녀석이 와~하면서 달려드는데 작년까지와는 달리 녀석들끼리도 충분히 장식할 것 같다. 나무를 세워줬더니, 내 머릿속을 읽었는지 녀석들이 직접 장식하겠단다. 방으로 들어가 골머리를 싸매고 있던 조금 후 밖에서 딸내미가 소리지른다.

"어! 트리가 왜 이렇게 작아졌어?!"
(거실로 나서며) "음? 무슨 소리..., 아~ 하하하하! 얘들아 트리가 작아진게 아니고 너희가 그새 쑥 커버린거야! 하하하"

"음? 우리가 큰 거라고?"
(딴일하다 대화를 들은 아내) "어머, 진짜? 저렇게 작았던가?"

반짝이 전구 감는 것만 도와주자, 아쉬운 듯 모자란 듯 크리스마스 트리가 완성됐다. 점등시키자 아이들 얼굴로 번지는 만화영화에나 나올 법한 웃음. 그날 저녁식사는 거실 불 끄고 주방 불도 끄고 이케아에서 구해다 직접 달아맨 포인트 조명과 아이들이 제 힘으로 완성한 크리스마스 트리의 반짝이 불빛만으로 충분했다.

산타할아버지에게 드리는 선물

크리스마스 이브 아침. 토요일인데 눈이 일찍 떠졌다. 거실 소파에 앉아 책을 읽고 있는데 두 녀석이 일어나더니 뛰어나온다. 자고 일어나 얼굴볼 수 있는 날이면 언제나 그렇듯 어서 안기라고 팔을 벌렸더니만, 허벅지에 한 녀석씩 앉더니 꼭 안아준다.

그러고나서는 약속이나 한듯 같은 행동을 하는데, 마치 정화수떠놓고 치성드리는 사람처럼 두손을 싹싹 비비며 뭐라뭐라 주문을 외운다. 자세히 들어보니 엑스칼리버가 어떻고 발키리가 어떻고... 윽, 산타에게 받을 선물을 읊조리고 있으면서 '기도' 하는 거라는데, 마침 침실에서 나오던 아내가 그 장면을 보더니만 벌써 며칠 전부터 매일 그러고 있단다. 하긴 두 달 전부터 겨울이 빨리 왔으면 좋겠다는 둥 크리스마스는 몇 밤 자면 오느냐는 둥 사나흘이 멀다하고 염불을 외웠으니 이상할 것도 없다.

오늘은 일찍 잠자리에 들거라며 소리 높이던 녀석들이 길고도 길었을 하루를 잘 버텨내고 드디어 저녁 시간을 맞았다. 식사 준비에 한창인 식탁 아래로 두 녀석이 마주앉아 열심히 뭔가를 만들고 있다. 한참 동안 그러고 있길래 뭘하는가 살펴봤더니 색종이 접기를 하고 있는 게 아닌가?

"얘들아, 밥 먹어. 근데 너희 뭐하고 있는 거니?"
"어~ 산타할아버지한테 드릴 선물 만들고 있어"
"음? 선물? 뭔데?"
"어~ 색종이로 장미 접는거야. 많이 접어서 꽃다발 만들려구"

"오호허허허~ 그거 접는 법은 또 어디서 배웠대?"
"유치원에서 수정이 누나한테 배운거야. 그걸 누나한테 알려줬구"
"와아~ 색상이 아주 화려하네! 산타할아버지가 좋아하시겠다!"

둘이서 한 동안 낑낑거리더니 꽃 얼굴은 물론 동그랗게 빨대처럼 말아 꽃대도 만들고, 꽃을 담을 고깔도 만들었다. 잊고 가지 말라며 '산타' 라고 이름표까지 붙여서 식탁 한 켠에 고이 두고 말이다. 일찍 잔다고 큰소리치던 녀석들, 잠이 오나? 평소보다 더 늦게야 잠들었다.

크리스마스 당일 새벽 6시 30분. 언제나 일찍 일어나는 딸내미는 그날도 어김 없다. 하물며 크리스마스이니 더 말할 것도 없다. 머리맡에 놓인 선물을 발견하고는 숨죽여 좋아하는 와중에 어랍쇼? 왠일로 아들내미도 일어난다. 산타가 주는 선물의 위력! 눈도 제대로 못뜨면서 머리맡과 주변을 살핀다. 난 없어 난 없어를 연발하다 발밑 침대 아래 놓여있던 큰 상자를 발견하곤 우왓! 거실로 우다 뛰어나온 녀석들, 한바탕 난리법석을 떨더니만 뒤늦게 나온 엄마의 말에 깜짝놀란다.

"산타할아버지가 꽃다발 가져가셨네?"
"뭣?! 진짜?!! 옷! 진짜진짜!"

아이들의 표정이 정말 재미지다. 가져가라며 접어놨지만 정말 집어갈 줄은 몰랐다가 한방 제대로 먹은 얼굴들이었달까? 어디서 보기를, 산타할아버지를 믿지 않는 순간 선물도 놓이지 않는다고 말해줬더니 중학생이 되도록 믿더란다. 녀석들은 언제까지 믿고 또 언제까지 산타를 위한 작은 선물을 마련하게 될까?

포옹 2

여전히 퇴근하면 가장 먼저 하려고 노력하는 것은 아내 그리고 아이들과 눈을 맞추는 일이다. 그리고 이어 아이들을 차례로 안아주는 것. 요즘은 잊는 날이 종종 있지만 말이다.

최근 들어 아이들을 안을 때 두 녀석의 반응에 차이가 생겼다는걸 알게 됐다. 아들녀석은 달라진 게 없다. 별다른 표정없고 가서 안아주면 팔에 꼬옥 힘을 주는게 특징이라면 특징.

그런데 딸내미는 달라졌다. 얼마 전까지만해도 동생과 다르지 않았는데, 언제부턴가 팔벌리고 다가가면 마치 부끄러운듯 고개를 아주 약간 숙이면서 흡족할 때 짓는 큰 미소를 그리며 다가온다. 그 순간은 슬로우비디오다. 그리고 치유받는 느낌마저 든다. 꾸준히 이어오길 잘했다.

아홉 살, 일곱 살

양반다리 2

거실로 나왔더니 아이들은 이미 일어나 각기 할 것을 하고 있다. 딸내미는 소파에서 책을 읽고 아들녀석은 거실 바닥에서 터닝메카드 디스크 캐논 영화전단지를 보고 있다.

가만히 아들 옆에 앉아 엊그제 배송됐지만 떠들어보지도 못했던 책 몇 권을 집어들었다. 왼쪽 무릎에 올려놓고 잠시 보고 있는데, 아들내미가 슬쩍 일어나더니만 말도 없이 엉덩이를 들이밀고 후진을 한다. 비어있던(?) 오른쪽 허벅지에 올려놓더니 이내 양반다리 한 가운데로 쏙 들어온다.

음? 불편하다. 그랬다. 어느새 둘째도 많이 커서 녀석의 정수리가 내 턱을 웃돌고 있었다. 보던 책을 내려놓고 한참을 그러고 있었다.

성형수술과 염색 권하는 아들

설 전날

음식준비를 하느라 본가에 모였다. 식탁에서 아버지 옆에 앉았는데 얼굴을 가만히 보니 뭐가 좀 이상하다. 아니나 다를까 점을 빼셨단다. 몇 년 전에도 한 번 있었던 일이라 대수롭지 않게 넘어갔는데, 두번째 시술을 받게된 연유가 있었다. 어머니가 활동하는 성당단체의 한 아주머니께서 무슨 접수를 받는 봉사를 하고 있었는데(이 분은 아버지 얼굴을 모르는 상태였다고 한다), 아버지께서 서류에 적는 주소를 보더니 냉큼 알은 체를 하며 그러더라는거다.

"아유, OOO 자매님 시아버지 되시는구나?"

그 말을 들은 아버지, 정신차려보니 본인도 모르게 화를 버럭 내신 뒤였다고... ㅋㅋㅋ 아내랑 낄낄거리고 있는데 마침 식탁 주변에 옹기종기 붙어있던 아들 녀석이 한 마디 한다.

"아빠도 점 좀 빼지?"

...
희한한 놈이다, 딸내미는 한 번도 그런 말을 안하는데 얘는 벌써 몇 번째다.

며칠 전

이 년쯤 전부터 흰 머리가 부쩍 늘기 시작하더니, 이제는 앞머리를 젖히면 소위 말하는 M자 라인의 모서리 부근은 거의 하얗게 쌨다고 해도 과언이 아니다. 머리 감고 부시시한 날이면 백발이 더 돋보이는 통에 나조차 깜짝 놀라는 경우도 있으니 많기는 많다. 뽑아서 어찌 해볼 수도 없을 정도라서 염색밖에 다른 방도가 없다. 마트에서 파는 염색제로 염색을 해보기도 했는데, 두 주 정도 머리칼이 많이 빠져서 걱정되는 것은 둘째치고 눈이 시린 증상이 한 달도 넘게 지속되는 것이 괴로워서 그만뒀더랬다.

그렇다고 미용실에서 하자니, 짧은 머리는 염색도 자주 해야 한다는데 염색 비용도 만만치 않아 한동안 백발을 휘날리며 지내고 있었다. 어느 날 오랜만에 이발하러 나서는데 예의 그렇듯 아들녀석이 묻는다.

"아빠 어디 가게?"
"이발하러 가려구"
"응~, 근데 거기다가 흰머리 좀 다 뽑아달라구 하면 안될까?"
"어허허허허~ 그랬다간 아빠 반 대머리될걸?"

...
희한한 놈이다. 흰 머리 뽑으란 말도 벌써 몇 번째다.

어제

며칠 전 아내가 카톡으로 헤나가 어쩌고 하더니 인터넷 쇼핑으로 헤나분말을 구해놨더라. 미용실 염색을 알아볼 때 천연 염색이라는 헤나를 알게됐지만 비싸고 염색하는데 시간이 오래 걸린다는 소문으로 제껴놓고 있었는데, 헤나 분말 가격이 비싸지 않아 데려왔단다.

헤나 분말은 쑥을 말려 곱게 빻아놓은 것처럼 생겼다. 냄새도 그것과 비슷하다. 당연히 화학 염색제의 역한 냄새는 없다. 물에 개어 케찹 정도의 점도로 만들어 바르고 삼십 분이면 된다. 남은 헤나를 보니 갈수록 색이 짙어지며 검은 색으로 변해간다. 신기하다. 발색도 좋다. 무엇보다 염색했을 때 가장 괴로왔던 눈시림 증상도 없다.

염색하는 모든 과정을 바로 앞에 앉아 지켜보던 두 녀석. 말은 따로 안하는데, 어째 표정이 나보다 더 흡족해하는 듯하다. 입이 씨익 웃고있다. 뭐, 뭐야... 나, 그렇게 나이들어 보였던 건가? 그냥 생긴 대로 주어지는 대로 늙고 싶은데...

...
희한한 놈이다. 은근히 스트레스준다.

책 읽어주기 2

어느새 세월이 흘러 말이 읽고 쓰게 됐지만, 잠들기 전 책 읽어주기는 여전히 계속되고 있다. 그런데, 좀 이상하다. 읽어 달라며 골라오는 책이 늘 고만고만한거다. 10~15분 정도면 한 권이 딱 끝나는 분량의 책을 골라온다. 내 머릿속에 자리잡은 부모가 아이에게 책읽어주는 광경은 이런 거다. 좀 두꺼운 책이고 그림책도 아니다. 침대 한 켠에 앉은 아빠는 어제 읽어주다 만 곳을 펼쳐서 이어 읽어주기 시작한다. 이야기가 한창 진행되는 도중 아이는 잠든다.

그렇다. 긴 책을 여러 날에 나누어 읽는 장면, 이런거다. 현실은 다르다. 긴 책을 고르지도 않거니와 책을 읽어주는 동안 잠드는 경우도 없다. 오히려 약간 졸려하다가도 책 읽기에 들어가면 말똥말똥해졌다가 읽기로 한 책이 끝나고서야 급 피곤해하면서 잠에 빠져든다.

아내에게 이런 상황을 말해주니 책을 너무 흥미진진하게 읽어주니 그런거 아니겠느냐며, 자기 오빠처럼 읽어줘보란다. 어떻게 읽는거냐 물었더니만, 늘어진 카세트 테이프 재생할 때처럼 보통 읽는 속도보다 두 배쯤 느리게 읽어준다나? 그러면 곧바로 잠든단다. 처음부터 그랬으면 몰라도 지금 그랬다간 이 녀석들이 가만히 있을 리가 있나? 가만, 혹시 긴 거 고르면 엄마 아빠가 싫어할까봐, 일부러 짧은 걸...?!

딸기귀신 1

어려서부터 과일과 친하게 지낼 수 있도록 분위기를 만들어와서인지 아이들은 과일을 무척 좋아한다. 특히 딸기를 비롯한 몇몇 과일에 대해서는 거의 먹깨비 수준인데, 둘째놈은 '딸기귀신' 이란 별명을 붙여줄 정도다. 딸기를 씻어 한 그릇에 담아 내주면 얼마 지나지 않아 딸의 볼멘소리가 터진다. 예상하듯, 양손으로 들고 흡입하는 동생을 따라갈 재간이 없기 때문이다.

퇴근 후 늦은 저녁을 먹는 어느 날, 이미 식사를 마친 아이들에게는 딸기 한 접시가 나갔다. 놓이는 접시에 따라붙는 아내의 말.

"아빠것 조금 남겨, 홀랑 다 먹어버리지 말고"

아구아구 입에 우겨넣으며 눈만 엄마와 아빠를 향한 녀석, '뭔 소리야?' 라는 말을 눈으로 하고 있는 듯 하다.

"아냐, 아냐, 아빠는 두 알만 남겨줘. 나머진 너희가 다 먹어"

그런데, 이상하다. 딸내미가 물러나더니 절반 정도가 남아있는데 아들녀석도 손을 떼며 이런다.

"아빠~, 이거 아빠가 다 먹어"
(살짝 감동먹으며) "응? 아냐, 아빤 괜찮아. 두 알만 남겨주면 된다니까?"

이 녀석, 멋쩍은 듯 고마운 듯 묘한 표정으로 입을 삐죽거리더니 혼자 웃음을 픽 터뜨리며 이런다.

"어후, 내가 너무 배가 불러서..."

변기 닦는 남자

쉬하러 화장실로 뛰어들어간 녀석이 한동안 기척이 없다. 응가하니? 묻자 이런다.

"변기가 더러워서 좀 닦으려구"
"엥?'

이게 무슨 소리인가 싶어 일어서서 봤더니만, 정말 물티슈로 변기를 닦고 있다. 녀석은 평소에도 닦다 남은 얼룩이나 스티커 뗀 자국에 예민하고 집착하는 편이다. 이번에는 어쩌다가 변기에 있는 얼룩에 꽂혔는가보다. 그 모습이 재미있어 아내를 살짝 불러다 보라했는데, 그걸 금새 눈치채고는 한 마디 덧붙인다.

"엄마 힘드니까 내가 닦아주는거야"

아빠냄새

휴양림을 찾았던 어느 날, 여느 때와 마찬가지로 아침 일찍 일어나 산책겸 취재를 나섰다. 숙소로 되돌아올 때쯤이다. 계곡 건너편의 숙소에서 인기척이 나더니 둘째놈과 지인 가족이 목교를 건너오고 있다. 중간에서 만난 우리, 아들 녀석을 폭 안아주고 있는데 지인이 그런다. 아빠가 산책을 어디로 갔을까 그랬더니 이러더란다.

"저기서 아빠 냄새가 나요"

심봤다!

드디어 딸내미가 보조바퀴를 떼고 두발자전거를 타게 된 날이다! 휘청거리면서도 쓱쓱쓱쓱 달리는 장면이라니! 모든 첫 성공에 함께 하고 싶지만, 두발 자전거와 인라인 스케이트 그리고 스키만큼은 꼭 내가 가르쳐주고 내 두 눈으로 보고 싶었는데 말이다.

근처사는 사촌 오빠에 이어 한 살 어린 사촌동생이 두발 자전거를 타게 됐다는 말이 자극이 됐던건지 모르겠는데, 체육공원에 가잤더니 보조바퀴 떼주고 가르쳐달란다. 오잉? 그래, 나야 두 손들어 환영이지! 사실 겁이 많은 녀석이라 본인 입으로 저런 말을 꺼내기 전까지는 권유하지 않는다. 하고 못하고 보다 호기심과 흥미를 잃지 않도록 하는 것이 더 중요하다 생각했고 그러다보면 언젠가 하겠거니 싶었으니 기쁘기까지 하더라.

안장을 두 손으로 붙잡고 발구르는 요령을 가르쳐준 다음 출발을 하는데, 어랍쇼? 너다섯 번 정도 어눌하더니 금새 균형을 잡아간다. 시작한 지 얼마 지나지 않아 안장 쪽에 손을 두고 있었을 뿐 잡지 않았다. 그렇다고 자전거를 따라가지 않으면 불안할까봐 처음 시작할 때처럼 붙어서 따라다녔을 뿐. 한 차례 달리기를 마치고 날 때마다 말해줬다.

"이번에도 아빠 안잡았다~ 네가 달린거야, 혼자!"

딸내미는 한동안 믿지 않는 표정이었고 왜 안잡아줬느냐면서 볼멘 소리를 냈지만, 그 사이로 번지는 자존감과 기쁨을 감출 수는 없었다.

자전거도 타다가 인라인 스케이트로 타다가 놀이터에서 모래도 놀다가 서너 시간쯤 지났을까? 체육공원 한 켠의 인조잔디 축구장 주변으로 큰 트랙이 있는데, 어느새 그 트랙을 딸내미와 함께 자전거로 달리고 있었다. 트랙에 사람들이 제법 많았지만, 브레이크 잡아가며 잘도 달릴 뿐 아니라 아빠한테 잔소리까지 하는 여유를 부린다.

"아빠! 앞 좀 보고 달려!"

뿐인가, 겨우내 타지 못했던 인라인 스케이트를 타잔다. 걷기만 조금 익숙했고 지치기는 어색했던 녀석이 쓱쓱 제법 밀면서 타는게 아닌가?! 신기했다. 지난 늦가을 이후 한 번도 연습한 적이 없는데 어떻게 이렇게 늘었는지 알 수 없었다. 그냥 숙성된 것 같다는 말 밖에는 다른 표현이 떠오르지 않는다. 다음에 멈추는 요령, 회전하는 요령만 가르쳐주고 나면 제 알아서 놀게 될 거다.

그런 것 같다. 흥미와 호기심만 잃지 않으면 다음은 시간이 해결해주는게 아닌가 말이다. 부모는 흥미를 갖도록 호기심을 느끼도록 해주고 그것을 유지할 수 있도록 도와주기만 하면, 방법은 아이와 시간이 찾는 것 같다. 숙성시켜 해내든 바로 해내든 집요하게 매달려 해내든 밀어뒀다 조금 후에 해내든 말이다.

얼마나 신기하고 재밌었으면, 놀이터에서 노는 것보다 두발 자전거 타는게 훨씬 재밌어라고 했을까. 당연하다. 걷고 뛰어서 닿을 수 있던 자기의 세상이 자전거로 갈 수 있을만큼 넓어진 것이니 얼마나 흥분되고 재밌겠는가? 곧 딸내미와 함께 천변을 달리기를 시작해 이곳 저곳 함께 내달릴 수 있기를 꿈꿔본다.

딸내미와의 데이트

오늘 인라인 스케이트 타고 싶어.
아빠만 괜찮다면, 인라인 스케이트 장에서.

아이들 입에서 이런 말이 안나오는게 이상할 정도로 미세먼지도 없고 화창한 날이었다. 아이 몸상태도 괜찮고 날씨도 받쳐주니 미룰 이유가 없다. 나서기로 했다. 전날 잠이 부족했던 아내와 아들 녀석은 낮잠을 즐기기로 했다. 왠만하면 따라나섰을 녀석인데, 나갈 때 깨워달라는 말을 남긴 채 엄마를 따라 들어가는 걸 보면 중간에 못일어난다는 뜻이렸다. 주섬주섬 챙겼다.

그런데, 딸내미가 언젠가부터 그런다. '아빠만 괜찮다면' 란 말을 붙인다. 화내거나 떼쓰는 것보다 더 거절하기 어렵게 만드는 마법의 주문같다. 아마 배려라는 코드를 가진 문장이라서 그렇겠지. 배려도 배려지만, 아무래도 엄마에 비해 아빠는 어려운가보다. 아마 엄마였음 만담하듯 가네마네 주고받는 승강이를 했을테니 말이다. 곰곰히 생각해봐도 잘 모르겠다. 어떤 것이 어렵게 느껴지게끔 하는건지.

둘째와는 목욕탕도 가고 하니 둘만 있는 경우가 익숙한데, 딸과의 외출은 낯설다. 허허 참, 딸과의 외출이 낯설다니. 딸도 그랬나 보다. 동생과 엄마가 없으니까 이상하단다, 허전하단다. 나도 좀 이상하고 허전하다. '앞에 타도 돼?' 라는 물음에 '그럼~' 이란 화답을 하는 것도 낯설다. 어느새 안전벨트를 매도 아이 목으로 지나가지 않을만큼 됐다는 사실도 새삼 생경하다.

주차장부터 인라인 스케이트장까지는 한참 걸어야 한다. 탈 곳까지 배낭을 메고 가는 것도, 정리 후 지친 몸으로 둘러매고 돌아가는 것도 모두 경험하는 것이 바람직하다 싶었다. 녀석, 트렁크에서 스케이트 가방을 빼 짊어진다. 아직 힘이 모자라 허리를 숙여야만 하는 무게인데도 군말 없이 자기 짐은 자기가 지고 간다. 가는 내내 힘들텐데, 들어줄까? 라는 말을 몇 번 눌렀다. '자기 짐은 자기가' 내가 매번 얘기해왔던 것이 아닌가.

그날은 나도 스케이트를 챙겨왔다. 지난 번에 안신고 지도해보니 시범을 보이지 못해 답답했기 때문이다. 일군의 딸내미 또래 아이들이 강습을 받고 있다. 눈에 띄는건 강사. 잘 가르치는지 모르겠지만, 복장이... 스케이트는 레이싱인데다 헬멧도 없고 보호대도 없다. 알아서 할 일이지만 눈쌀이 찌푸려졌다. 무료 강습인가? 그래서 부모들도 별 얘기 안하나.

자녀들을 들여보내고 그늘에서 지켜보는 부모들 사이에서 딸내미와 둘이 스트레칭을 한 후, 무릎, 팔꿈치, 손목보호대를 차고 헬멧을 썼다. 사실 보호대 차면 너무 불편한데, 그 불편함을 함께 느끼면 그만큼 배우는 사람의 입장에서 뭘 해도 할 수 있다는 생각이다. 예전에 강사교육을 받을 때 인상깊게 들었던 이야기다.

스케이트장에 들어서자 오랜만이라며 겁내던 녀석이 제법 지치며 앞으로 나아간다. 지난 번과 또 다르다. 다른 장면에서도 그러려 하지만 운동을 배우는데 있어서만큼은 서두르지 않는다. 하고 싶을 때, 하고 싶은 정도만 한다. 조금만 더, 한 번만 더 이런거 안한다. 아직 그럴 때가 아니다. 어릴 적 내가 그랬다. 그러다 운동에 흥미를 잃었고 서른 즈음에서야 간신히 회복했으니까. 아이는 자기가 하고 싶을 때, 해도 되겠다 싶은 때가 되면 알아서 한다고 했다.

유심히 지켜보고 있다가 한 번씩 끌어주면 된다고 했다. 틀어지는 발목을 바로 잡고, 발 사이를 가능한 좁게 해 11자를 유지하는데 중점을 두고, 회전과 정지의 기본이 되는 가위 자세는 맛만 봤다. 내심 오늘의 목표는 회전과 정지까지라고 생각했는데, 약간 못미쳤다. 괜찮다. 어설픈 자세로 직접 해본 정지 과정에만도 아이는 흥분했으니까. 발이 아프다며 쉬자고 할 때는 그리했다. 너무 자주 아닌가 싶을 정도였지만 그 또한 딸내미에게는 필요한 과정이라고 봤다.

두 시간 남짓 노닐다 짐을 쌌다. 딸내미는 발목이 아프다며 나는 발등이 저리다며 배틀을 주고받았다. 아이스크림을 사먹기로 하고 매점가는 길에 계단을 만났다. 가위바위보하며 내려가잔다. 주먹은 열 계단, 보는 다섯 계단, 가위는 두 계단. 문제는 족히 십 분은 해야 할 정도의 높이였다는 것.

가위바위보를 엄청 못한다. 아니나 다를까 딸과 해도 마찬가지다. 순식간에 엄청 벌어졌다. 그런데, 딸내미가 갑자기 가위만 낸다. 주먹을 내 따라마셨더니 원래대로 내며 이기다가 또 거리가 벌어지면 가위만 내는 게 아닌가. 이 녀석, 너무 일방적으로 게임이 가면 상대가 하기 싫다 할까봐 조절하고 있었던거다. 내가 알아챈 눈치를 보이니 너스레까지 떤다.

"아빠, 이제부턴 가위만 낼꺼야~"

매점에 앉았다. 딸내미는 쌍쌍바를, 나는 돼지바를 들었다. 그 날따라 돼지바가 유난히 달게 느껴진 건, 기분 탓이었겠지?

할아버지

아들내미가 밥먹다 말고 갑자기 친할아버지 얘기를 꺼낸다.

"아빠, 할아버지는 백 살까지 살 수 있어?"
"응? 글쎄, 그건 아무도 모르는 일이지... 근데 왜? 할아버지 백 살까지 사셨음 좋겠어?"
"어, 안그럼 우린 할아버지가 한 명도 없잖아"

잠자코 얘길 듣던 딸내미,

"그렇네, 그렇구나... 외할아버지도 안계시니까"

짧아야 두 달에 한 번 정도 만나는 할아버지다. 정작 만났을 때는 뭔가 낯설어 하고 데면데면하던 녀석들이라 왜 그러지 싶었는데...

우리집 여자들

여느 때처럼 퇴근했더니, 아내와 아들만 덩그라니 집에 있다. 선생님 인솔 하에 학교 친구들과 테마파크로 놀러 가버린 누나없이 오후부터 저녁까지 내 혼자 보냈던 아들녀석은 얼굴에 심심함이 가득하다. 홀로 저녁을 먹고 있는 동안에도 소파에 앉아 연신 지루해, 따분해라는 말을 입에 달고 있길래 식탁 옆으로 불러 앉혀 이런 저런 것을 물으며 달래줬지만 2% 부족하다.

녀석의 심심함도 달래줄 겸 바둑판을 놓고 알까기를 한다. 며칠 전 내게 0패를 당하고는 와신상담하며 몇 차례나 도전해오던 때였다. 그간 엄마를 상대로 열심히 연마한 모양이다. 아들은 6전 전승을 거두고 거드름 잔뜩 피우며 의기양양한 저녁, 심심함을 털어버린 저녁을 맞았다. 봐주지 않았다. 정말 녀석은 연습을 많이 했던 모양이다. 어떻게 그리 먼 거리의 바둑돌을 정확히 맞추는건지.

더워진 후 연일 그렇듯, 거실에 이불을 깔고 셋이 누웠다. 늦어지는 누나를 기다리다 둘째는 잠이 들었고 그제서야 딸내미는 귀가했다. 씻기 싫다는걸 살살 달래 샤워시킨 후 녯이 이부자리에 드러눕기 무섭게, 아내가 앓는 소리를 하며 허연 다리를 내게 쭉 내민다. 종아리랑 무릎이 오늘따라 너무 아프다나? 주물러 달라는 뜻이렸다? 그래, 오랜만이기도 하고 요즘 잠도 부족하고 힘든거 안다.

엄마를 마사지해주는 걸 지켜보던 딸내미, 갑자기 시커멓고 빼짝 마른 다리를 쓱 내민다. 그러곤 이건 뭥미란 표정을 짓고 있는 내게 씨익 웃어보인다. 에혀

~ 그래, 너도 오늘 하루종일 테마파크에서 돌아다니다 집에 열 시에 들어왔으니 다리가 얼마나 아프겠니. 나도 안다.

왼손에는 아내 다리, 오른손에는 딸내미 다리를 놓고는 종아리부터 주물주물 해나갔다. 그런데 무릎을 지나 조금이나 올라갔을까? 어~시원하다라는 말이 끝나기도 전에 우히히히~ 간지러워서 안되겠다며 아내는 그만하란다. 뭐 얼마 하지도 않았다. 그리곤 딸내미 종아리를 주무르던 손이 역시나 무릎께를 지나 올라가자, 아놔~ 지 에미랑 똑같은 표정과 소리로 웃어대며 간지러워 안되겠으니 그만하라는게 아닌가?! 그것 참, 어떻게 이런 것까지 꼭 빼닮는걸까?

기가 차 하며 내 손으로 내 종아리와 허벅지를 마구 주무르며 이게 뭐가 간지럽다는거야? 라고 묻자, 딸내미가 그런다. 에이, 자기 손으로 주무르는건 안 간지러운 법이야~ 얼씨구, 제 엄마가 맨날 하던 말이다. 아내도 같은 걸 느꼈는지, 누워 클클클~ 거리는 이상한 소리를 내며 웃고 있었다.

온천과 아토피 이야기

처음에는 그렇게 시작했다. 휴양림을 다녀오고나서 짐 정리하고 식사준비하고 애들 씻기고 하느라 너무 분주하니, 오는 길에 온천이 있으면 들러서 목욕을 하고 오면 노느라 쌓인(?) 피로도 풀리고 애들 씻길 필요없이 바로 재우면 되니 얼마나 좋으냐며 말이다. 목욕 좋아하는 아내의 제안에, 온천도 목욕탕도 모두 물놀이장의 일종일 뿐인 아이들이 좋아한다는 이유와 둘째녀석 아토피에도 좋지 않겠느냐는 큰 거 한 방까지 얹혔으니 거부할 수가 없었다. 나는 목욕을 좋아하지 않는다.

그렇게 여기 저기 온천을 찾아다니기 시작한 게 아산 온천, 도고 온천, 초정리 탄산 온천, 덕산 온천, 수안보 온천, 척산 온천, 덕구 온천, 백암 온천, 앙성 탄산 온천, 온천은 아니지만 인천 해수탕까지 이젠 제법 된다. 어디는 너무 뜨겁고, 어디는 물을 많이 섞고, 어디는 너무 작아서 애들이 싫어하고 등등 한 곳을 두어 번씩 다니다보니 우리 가족만의 선호가 생긴다.

현재 시점에서 가장 잘 맞는 곳을 꼽아보라면, 온천뿐 아니라 스파까지 할 경우는 단연 그리고 오로지 울진의 덕구 온천되겠다. 멀기는 하지만, 그 넓은 스파에도 온천물만 쓰기 때문에 물에 민감한 아들이 하루종일 놀아도 아무렇지 않기 때문이다. 온천만으로 만족해야 한다면, 여러 곳의 각축 끝에 충북 앙성의 탄산 온천으로 압축됐다. 온천이라기엔 26℃ 라는 온도는 시원한 물에 가까운데, 세계적으로도 희귀한 온천에 속한단다. 무엇보다 시원한 물이라서 애들이 좋아한다. 단, 그만큼 오랫동안(?) 놀 수 있기 때문에 놀아줄 각오를 해야 한다.

기억에 남는 다른 온천이라면 초정리 약수원탕이다. 맞다. 천연사이다를 만드는 공장이 있는 곳 초정리. 이 곳도 탄산 온천인데, 앙성에 비하면 계곡물처럼 차다는 것과 약성이 굉장히 강하다는 것이 특징이다. 너무 차가워서 오래 몸을 담그지 못하기도 하지만, 몸의 약한 부위가 타들어가는 느낌이 강해서도 오래 있기 힘들다! 얼굴만 담갔는데도 따가워서 얼마 견디지 못하고 빼야할 정도. 하지만 온천을 마친 후 얼굴 각질이 하얗게 벗겨지고 뽀송뽀송해진다.

이유야 여럿 있었다지만, 온천을 꾸준히 다니게 된 가장 큰 이유는 역시 아이의 아토피때문이다. 아내와 추정키로, 물로 인해 시작된 아이의 아토피였으므로 물로 진정시키거나 다스릴 수 있는 부분이 있지 않겠나 싶어서 찾아다녔다. 아마 사람마다 맞는 온천이 조금씩 다를 걸로 추측되고 어쩌면 온천이 별 효과가 없는 경우도 있을테지만, 우리의 경우는 아이에게 맞는 두어 군데를 찾았다. 거칠게 변해버린 외상의 급격한 호전이 있고 온천욕한 후 이삼일 정도 가려움이 덜하다. 가려움이 지속적으로 크게 진정되는 것은 아닌 것 같지만, 이게 어디인가? 아이가 놀면서 치료도 되는 경우인데 말이다. 더디더라도 하나씩 쌓고 쌓아간다는 각오로 짬나는대로 다니는 중이다.

자주 다니니 조금 큰 목욕탕같은 곳에서도 아들과 노는 재주가 생겼다. 심심해지면 그만 나가자고 하니, 치료를 위해서라도 재미지면서 목욕하는 다른 사람들에게 피해가 안갈만한 놀이를 찾아야 했다. 둘이 이것저것 해보면서 하나 찾은 건 슬로우 모션으로 서로 합을 맞춰 액션을 하는 건데 느리게 움직이려니 체력이 두 배로 소진된다는 게 단점.

이제는 아들내미가 중간중간 쉬잘만큼 완급 조절에 능란해졌지만, 내 체력은 해가 거듭 할수록 떨어져간다. 온천욕을 끝내고 집으로 오는 길은 언제나 아내가 운전대를 잡아야 할 만큼. 이젠 저렇게 놀면서 보내는 시간이 한 시간 반을 넘어서기 때문인데... 그게 뭐 대수냐! 온천욕끝내고 씻을 때 조막손으로 아빠 등을 닦아주는 거면 충분하고, 아토피가 조금씩만이라도 좋아질 수 있다면 기꺼운 마음으로 물속을 함께 휘저어주마!

토닥임

휴양림에 동행했던 어느 아빠가 보내준 사진.

"아들이랑 계속 같은 자세로 자더라구요? 몇 번 바꾸어도 똑같은 모양으로 자길래 희한해서 한 장 찍었네, 허허허"

녀석은 밤잠을 자는 동안 360도 전방위로 움직인다. 아토피때문에 가려워서 그렇기도 하겠지만, 기본적으로 심할 정도로 움직임이 많은 편이다. 두 다리가 배에 올라오는건 기본, 뒷꿈치로 얼굴을 얻어맞은 적도 여러 차례다. 아침에 일어나 고개를 돌렸을 때 발이 보이는 날이 많은건 물론이다.

하긴 녀석은 더 어릴 적에도 그랬다. 꼭 엄마 배에 손바닥을 대고서야 잠이 들었다. 얼마간은 그 손이 떨어지면 깨기까지 했다. 다시 닿으면 잠들고.

내게도 자주 저랬는데, 내가 머리만 대면 깊이 잠드는 타입이라 몰랐던건지 아님 저 날만 우연히 저렇게 된건지 모르겠지만, 이 사진을 볼 때마다 아들에게 토닥임받는 느낌이 든다. 아들에게, 찍어준 분에게 고맙다.

마법의 손

딸내미가 엄마와 떨어져 내 곁에서 잠들고 있다. 구 년만이다. 잠든 후라면 몰라도 잠들 때까지만큼은 엄마를 옆에 꼭 붙여두던 녀석인데, 벌써 며칠이 됐는데도 모르고 있었다. 최근의 여느 날처럼, 동생은 엄마따라 안방 침대로 들어가고 딸은 나와 거실에 깔아놓은 이부자리에 누웠다. 방학중이라 나가서 뛰어놀지 않은 날은 에너지가 남아돈다. 더구나 그 날은 하루종일 비가 내려 움직임이 더 적었던 날. 아무리 머리만 대면 잠드는 딸내미지만 학기중처럼 단박에 잠이 올리 없다.

"아~ 잠이 안와"

같은 말을 몇 번이나 되뇌이며 뒤척이고 옆에 모로 누워있는 아빠가 잠들었는지 힐끗힐끗 돌아본다. 말똥거리는 녀석을 지켜보다 이거라도 도움이 될까 싶어 오른손을 뻗어 아이 배 위에 올리곤 가볍게 토닥이기 시작했다. 아기 재울 때 하는 토닥임.

그러곤 몇 분이나 지났을까? 딸내미가 천장에 눈을 둔 채 나지막이 속삭인다.

"아빠, 아빠 손은 마법의 손 같아. 잠이 솔~솔~ 오네"

녀석, 머리가 닿아있으니 점점 졸리운걸텐데 말을 저렇게 해준다. 짧은 몇 마디를 하는 동안 아이의 눈꺼풀이 무겁게 깜빡인다.

마치 마법처럼.

아이들은 평범하고 차가웠던 내 손을 약손으로 만들어주기도 했고 따뜻한 손으로 바뀌었음을 깨닫게 했고 잠이 솔솔 오는 마법의 손이 될 수도 있음을 알게 해주었다.

마치 마법처럼.

생애 두번째 애완동물 햄스터와 약속 이야기

육 년 넘게 키우던 말티즈 '미리'를 다른 집에 넘겨주던 때는 여전히 생생하다. 양육을 도맡아야 했던 엄마가 두 손들었기 때문이었다. 배변훈련도 실패해서 마룻바닥 어딘가가 상해갔고 먹을 것 조절도 잘 안되어 말티즈치고는 엄청난 몸집을 자랑했던 기억이다. 새끼를 다섯마리나 낳을 때는 집에 나 혼자밖에 없던 때라 동네 수의사에게 전화해 가위를 불로 소독하고 탯줄을 자르는가 하면 양막을 찢어 호흡하게 해 세 마리를 살렸던 기억도 있다.

자식들을 모두 분양보내고 홀로 남은 녀석이었는데, 엄마는 당신 손으로는 못 보내겠다며 나더러 하랬다. 그때 왜 완강히 거부하지 않았는지 지금도 모르겠다. 네가 키울거야라는 소리를 들은 것도 아니었는데. 새주인에게 안겨 멀어지는 미리는 이상하리만치 짖지 않았다. 고개를 돌려 예의 촉촉한 눈빛으로 나를 물끄러미 보기만 했다. 당시의 착잡함은 표현하기 어렵다. 애완동물은 끝까지 책임질 수 있겠다는 각오가 설 때만 데려오겠다는 다짐은 그때 시작됐다.

수십 년이 흘렀다. 그사이 어릴 적 꿈이 동물원장이었던 여자를 아내로 맞이했다. 결혼과 거의 동시에 아이가 생기고 또 한 녀석이 생기면서 정신없이 시간을 보내다보니 관심과 마음은 있었을지라도 여건이 여의치 못했다. 아이들이 자라고 생활 패턴이 안정되던 즈음부터 아내와 아이들의 공세는 시작됐다. 안된다고 못박았다. 내 기준은 명확했다. 그 기준은 개를 키우는데 맞춰져 있다.

작은 마당이라도 있는 주택이어야 한다. 아파트는 안된다. 좁기도 하고 주민들에게 민폐기도 하다. 현재 우리 생활패턴에 안맞는다. 한 달에 한 번은 2박이든

1박이든 휴양림으로 돌아치는데 감당할 수 없다. 개를 포함한 어떤 애완동물이든 들였으면 잘 키우고 그 녀석의 끝까지 함께 한다는 각오없이는 데려오지 않는다.

개나 고양이가 위 기준에 막히던 때 혜성처럼 나타난 친구가 있었으니, 햄스터 되시겠다. 학교에서 아이들이 키우던 햄스터 세 마리를 방학중 학생들 가정이 돌아가며 봤는데, 하필이면 우리 집에서 일곱 마리를 순산하는 쾌거를 이루고야 만거다. 감당할 수가 없는 숫자가 되자 분양에 들어갔고 빨주노초파남보 라 이름붙여진 녀석들 중 초록이를 데려오게 됐다. 녀석이 세상에 나온지 한 달쯤 됐을 때였고, 이름은 초록이에서 '초로' 가 됐다.

워낙 작으니 첫째 기준을 통과한다. 케이지에 넣어 밥과 물을 넣어두면 2박3일쯤은 버틴단다. 밥 넣어두면 배터지도록 먹지 않는단다. 두 번째도 통과다. 햄스터의 수명은 길면 이 년 이란다. 보통 일 년 남짓인 것 같지만. 끝까지 함께 하기에 무리되지 않는다. 세 번째도 통과다. 아내가 작심한 듯 빠삭하게 공부해와서 하나하나 꺼내놓는데 재간이 없다. 단, 아이들의 결정과 약속을 받았다.

동물은 원할 때 샀다가 흥미없어지면 치워놓는 장난감이 아니다. 데려오는 날부터 너희들이 햄스터는 관리한다. 먹이도 주고 물도 주고 케이지의 톱밥도 너희들이 직접 간다. 만일 엄마나 아빠가 이 일을 전적으로 하게 되면 초로가 우리 곁을 떠난 뒤로 우리 집에 애완동물은 없다.

이런 얘기를 하며 약속을 받을 때 마침 주변에 다른 부모들이 있었는데, 묻는다. 애들이 그걸 알아듣고 과연 그렇게 하겠냐는거다. 말 속에 이미 '나는 그렇겐 못해' 라는 뉘앙스가 숨어있었다. 그런데, 애들이 그렇게 못해도 된다. 내가 그리 할거니까. 그렇게 배워가는거라 생각한다. 그리고 아이들은 어떤 상황을 만나든 수긍할거다. 이미 오래 전부터 결정과 약속에는 책임이 따른다는 것을 알게 모르게 연습해오고 있기 때문이다. 아빠랑 한 약속은 작든 크든 지켜오고 있다.

과정이 좀 어려웠나? 아이들은 뛸 듯 기뻐했고 그럭저럭 잘 돌보고 있다. 매일 아침저녁으로 케이지에 붙어앉아 오구오구~하는 사람은 다름아닌 아내다. 그리 좋단다. 그렇게 난 생애 두 번째 애완동물을 맞았다.

+

손바닥에 올려놓으면 5미리나 될까싶은 네 발만 따뜻하다. 완전 신기하고 귀엽다. 모래목욕을 하는건지 모래를 먹는건지, 목욕하는 모습과 쳇바퀴 돌리는 모습은 현실같지 않다. 오백 미리 PET물통 밑둥으로 만든 밥통 가운데 들어앉아 밥을 먹는다. 밥통 너머로 흘리는 것도 없이. 이 녀석, 딱 우리집 스타일이다.

아빠도 회사 안 가면 안돼?

회식으로 모두가 잠든 후에야 귀가해서 눈만 붙였다 다음 날 여섯 시 반에 일어났는데, 딸내미가 이미 일어나 책을 보고 있다. 역시나 손에 들려 있는건 요즘 푹 빠져 있는 오무라이스 잼잼이다. 손으로 키스를 날리곤 씻고 나왔더니 오랜만에 옷을 갈아입는 작은 방에 들어와 앉아있다. 출근 준비를 마칠 즈음 딸내미가 그런다.

"아빠, 아빠도 이 아저씨처럼 회사 안 가면 안돼?"
"엉? 오무라이스 잼잼 작가 아저씨? 그 아저씬 출근안한대?"
"응, 대신 집에서 이거, 만화 그리지"
"하하하, 아빠도 집에서 만화그리면 좋겠어?"
(방긋 웃으며 끄덕인다)
"그럼 아빠는 뭘 그려야 하나?"
(당연하다는듯이) "건담"
"크하하하하하~"

언젠가 딸에게 중학 시절 그린 습작 만화를 보여준 적이 있다. 퍼스트 건담 만화 몇 쪽에 불과했는데 무척 인상적이었나보다. 이제는 손도 굳고 목도 시원찮아서... 글쎄, 만화 작업을 할 수 있을까 싶은데 말이다. 오늘은 오무라이스 잼잼을 보다 먹고 싶다던 맘모스빵을 구해가야겠다. 햄스터만큼 작지 않고 옛날처럼 엄청 큰 맘모스빵이어야 할텐데. 얼굴이 가려질 정도로.

내가 챙겨줄까?

거실에서 자고 있었는데 아내가 방으로 들어가 자란다. 분명 어제 늦게까지 함께 술을 마셨는데 왜 저 사람은 멀쩡하지라는 생각도 찰나, 방으로 들어갔다 눈을 떴는데 오전 열한 시가 넘었다. 거실로 나와보니 식탁 위엔 뚜껑 덮힌 아침식사가 놓여있고 TV방을 들여다보니 두 녀석이 만화를 보고 있다. TV보는 녀석들 옆에 앉아 물끄러미 보고 있는데 딸내미가 묻는다.

"아침 먹어야지"
"응? 식탁에 있는 게 엄마가 챙겨놓고 간거니?"
"응"
"…"
"내가 챙겨줄까?"
"엉? 네가? 너 만화봐야지? 오늘 보기로 한 날이잖아"
"이거 전에 몇 번씩 본거야, 괜찮아"

쓰윽 일어나더니 주방으로 향한다. 뒤따라나가 식탁에 앉자, 딸내미는 가스 렌지쪽으로 가더니 냄비뚜껑을 열고 국자를 들고는 까치발로 서서 양송이 스프를 한 번 두 번 푼다. 그러더니 내 앞에 툭 내려놓는다.

"어허허~ 고마워, 딸"

대답대신 싱긋 웃더니 바게트를 스프에 찍어먹어 보라질 않나 삶은 마카로니를 담아놓은 통을 가리키며 이거 넣어 먹어도 맛있다질 않나 뭘 좀 안다는 듯이 꺼내놓는다. 마침 곁으로 나온 아들 녀석이 아빠의 놀란 눈 빛과 하트가 뿅뿅 나가고 있는 걸 봤겠다? 그래서였을거다. 아로니아 요구르트 병을 집더니 뚜껑을 따려한다. 고무재질이라 자칫하면 튀는데, 아니나 다를까 열면서 옷으로 두어 방울이 튀었다. 아랑곳없이 티스푼으로 아로니아 요구르트를 잘 섞고는 내 앞으로 밀어놓더니 그제야 휴지를 찾는다.

"어엇~ 아들, 고마워. 잘 마실께"

인삿말에 예의 그렇듯 묘한 표정을 짓는 녀석. 딸내미의 말이 귓가에 계속 맴돈다.

"내가 챙겨줄까?"

콘 아이스크림

기념일을 챙기러 오랜만에 백화점 식당가에서 저녁을 먹곤 식품관으로 내려갔다. 딸내미 때문이었는데, 얼마 전 맛보고 빠져버린 백미당 우유 아이스크림을 사러가는 길이다. 둘째는 우유 알러지가 있어 먹을 수 있는 빙과류가 몇 가지 없다. 그 날도 자기는 구슬 아이스크림중 샤벳을 먹겠다며 가던 길이었다.

새로운 매장들이 대거 들어왔는데, 눈에 띄는 젤라또매장이 있다. 들여다 보면서 종류가 이렇게 많은데 우유 안들어간 게 없으려나 했더니 아내가 물어보란다. 헉! 스무 종이 있다면 그중 여섯 종은 우유가 안들어갔다는 게 아닌가! 게다가 과일귀신인 녀석 취향에 딱 맞게 라즈베리, 망고, 레몬, 라임, 딸기, 바나나 등등. 동공이 흔들리는게 보인다.

세 가지 맛을 골라 고소한 콘 과자에 올려 마치 꽃처럼 생긴 콘을 받아든 녀석. 아이스크림을 옆으로 눕히더니 혓바닥을 내밀곤 빙글빙글 돌려가며 깎아(?) 먹는다. 그 날따라 유독 흥에 겨운 녀석을 보고 있자니 아내가 그런다.

"아, 맞네... 둘째는 콘 아이스크림을 처음 먹어보는구나"
"잉? ... 그러네'

그랬다. 녀석은 이제껏 콘 아이스크림은 다른 사람이 먹는 것만 봐야 했던거다. 오늘처럼 특별한 경우가 아니면 콘 아이스크림은 우유가 들어있기 때문이다. 그런 녀석이 콘 아이스크림을 먹고 있으니 왜 흥이 안났겠나. 녀석은 콘 과자 끝까지 오독오독 남김없이 먹어치웠다.

맘모스빵

딸내미는 요즘 오무라이스 잼잼이라는 만화에 빠져있다. 먹을 것에 관한 내용이니 이거 궁금하다, 저게 먹고싶다, 이건 이렇게 먹어보자 등등 말이 많아진다. 엄마를 닮아 면류, 빵류를 좋아하는 녀석이라 우선 바게트랑 맘모스빵이 먹고 싶단다. 바게트는 긴 놈이어야 하고, 맘모스빵은 제 얼굴이 가려질 정도로 커야 한다는 등 주문이 까다롭다.

바게트는 쉽게 손에 넣었는데, 맘모스빵을 구하는 게 녹록치 않다. 집 근처 마트와 백화점의 빵집에는 아예 없고 동네 빵집에서 어쩌다 만나도 크기가 영 작다. 딸애가 얘기해주길 오무라이스 잼잼에서 그랬단다. 요즘 판매되는 맘모스빵을 보고는 '이게 무슨 맘모스야, 햄스터지' 라 그랬다고. 도대체 얼마나 크길래 이름이 맘모스일까라는 궁금함이 잔뜩 묻어있는 표정으로 말이다.

순간 가물가물 기억이 올라왔다. 묵직하고 거대한 몸집, 두꺼운 소보루 상판과 밑판 사이에 두터운 딸기잼뿐이던 녀석. 맛있었지만 너무 퍽퍽해서 먹기는 힘들었던 그 녀석 말이다. 며칠 간 생각날 때마다 헤매고 다니다 문득 회사 근처의 옛 빵집이 떠올랐다. 아는 사람은 아는 빵집 '엠마'

저녁 여덟 시쯤 1차 시도. 옷! 맘모스빵이 있단다! 그런데 모두 팔렸단다. 며칠 후 점심시간을 쪼개어 다시 찾아갔다. 두 개 달랑 남았다. 몇 개 안만드나 보다. 엠마에서 구한 맘모스빵은 내 기억 속의 맘모스빵보다 속이 훨씬 고급스러워졌지만, 크기만큼은 그 때 그대로였다. 맘모스 크기.

2박3일 후

아내와 아이들이 돌아오는 날인데, 하필이면 오후 늦은 시간에 상황이 생겼다. 서두른다고 서둘렀지만 집에 도착한건 아홉 시를 넘겨서였다. 이미 딸내미는 꿈나라로 가고 자려고 폼잡는 중이던 아들내미와 캄캄한 방에서 얼레불레 인사를 나눈게 고작이었다. 왜 그렇게 아쉽던지... 떨어져 있던 시간은 불과 2박3일이었고 다음날 보면 되는데도 말이다.

이튿날 새벽. 늘 그렇듯 여섯 시에 일어나 씻은 뒤 작은 방으로 들어섰다. 막 옷을 갈아입으려는데 맞은편의 커튼이 스르륵 제껴지는게 아닌가! 찰나였지만 머리칼이 쭈뼛 서고 두 손이 자동으로 가슴에 모아질 정도로 놀라던 중에 빼꼼히 나오는 딸내미 얼굴. 하아아~ 이 녀석, 재밌어 죽겠다는 표정으로 생글거리며 나온다.

그런데 딸아이가 나오고 나서도 커튼이 일렁이더니만, 엉? 뭐야? 둘째까지 기어나온다. 아들내미가 이 시간에 일어나는 경우는 일 년중 손에 꼽을 정도인데 전날 집으로 오는 차 안에서 많이 잤다더니 누나가 부시럭거릴 때 잠이 깼나보다. 두 녀석이 앞에 앉아 히히헤헤 거리는데 어찌나 좋던지! 뺨을 부비고 꼭 안아주고나니 어젯밤의 아쉬움이 눈녹듯 사라져버린다.

그러고나니 어라? 아내도 눈을 비비며 나오는 게 아닌가. 아이들이야 신나게 놀며 보낸 며칠이었지만 아내는 밭일도 해야 했고 장시간 운전도 해서 무척 피곤했을 텐데. 허허~ 오늘 이 사람들이 서로 약속이라도 했나~ 황토밭을 맨발로 휘젓고 다니며 고구마도 직접 캐고 작대기로 감나무를 털기도 하고 수확물을 잔뜩 실은 경운기 짐칸에 걸터앉아 농로를 달리는 등 색다른 경험들로 가득 찬 며칠을 보내고 와서인지 아이들 표정은 전보다 더 밝아진 것 같다. 녀석들의 그 에너지가 내게까지 전달됐나 보다. 월요일 하루만에 완전 방전됐었는데 남은 나흘을 보낼만 하겠다 싶은 걸 보면 말이다.

벌써 이런데, 이 녀석들 더 커서 밖으로 나돌아다니면 어떤 기분일까? 둘째가 초등 고학년이 되면 슬슬 연습들어가야겠네. 빈 자리를 이렇게 크게 느낄 줄이야. 모야~ 나 혼자서도 완전 잘 노는 사람이었는데! 그러고보니 오늘이 할로윈이네, 이녀석들 혼비백산하게 완전 귀신 분장하고 집에 들어가 봐?

햄스터를 데려온 후 세 달

아이들은 잠들고 아내와 둘이 앉아 그날 있던 일들을 주고받던 중에 햄스터에 대한 에피소드가 나왔다. 두 달 전, 그러니까 햄스터를 우리 집에 들이기로 하기 전 아이들과 약속을 했었다. 데려오는 날부터 너희들이 햄스터는 관리한다. 먹이도 주고 물도 주고 케이지의 톱밥도 너희들이 직접 간다. 만일 엄마나 아빠가 이 일을 전적으로 하게 되면 초로가 우리 곁을 떠난 뒤로 우리 집에 애완동물은 없다.

당연히(?) 아이들은 응했고 그 때부터 주 단위의 케이지 청소가 시작됐다. 질 좋은 편백나무 톱밥을 깔아도 열흘이면 냄새가 제법 나기 때문에 안할 수가 없다. 두 달되던 즈음 초로 집청소하는 날이라고 알려주자, '벌써?' 라면서도 제법 능숙하게 신문지를 깔고 케이지를 분해해 늘어놓는다. 딴청을 피우다 뒤늦게 청소에 합류한 아들녀석이 털썩 주저앉으며 하는 말,

"어휴, 너무 빨리 돌아와~"

'거봐, 네 손바닥 위로 올라가는 작은 녀석인데도 장난이 아니지' 라는 말이 목구멍을 넘어올뻔 했다. 분업을 하는가 싶었는데 그게 아니었나보다. 떼어낸 쳇바퀴 안쪽을 닦으라며 물휴지를 건네주는 누나에게 짜증을 섞어 던진다. '왜 맨날 내가 이거 청소해에~?!' 지린내 나는 건 쳇바퀴나 케이지 바닥이나 별반 차이없을텐데 하기 싫으니 괜한 심술을 부린다. 보아하니 가끔 비슷한 상황으로 투닥거리는가보다. 어느 날은 아내가 그랬단다.

"어? 너희 지금 햄스터 돌보는 거 싫고 귀찮으니까 서로 미루면서 싸우는 거야? 그럼 하지 말어. 엄마가 할테니까."

그 말이 떨어짐과 동시에 두 녀석이 낭패라는 표정으로 엄마를 돌아 보며,

"그게 아니라..."

집 청소가 한창이던 즈음 아이들 목욕물이 다 받아져 마무리는 엄마가 할테니 너희는 들어가서 목욕하라 했더니만, 주저하던 둘째놈이 욕실로 가면서 이러더란다.

"엄마, 햄스터 집 청소 마무리 엄마가 했다고 아빠한테 말하면 안돼"

아빠도 만화 그리면 안 돼?

딸아이가 가장 좋아하는 만화는 오무라이스 잼잼이다. 새벽에 일어나자마자 집어드는 것도, 잠자리에 들 때 머리 옆에 두고 자는 것도 오무라이스 잼잼이다. 딸애가 이것 저것 보여주며 이야기를 걸기도 하고 가끔은 직접 떠들어보기도 하는데, 여러모로 놀라게 되는 작품이다. 생활속 가족과의 에피소드를 어떻게 저리 구체적으로 묘사해낼 수 있을까.

큰애가 딸, 작은 애가 아들이란 점도 우리와 같은데다 은영이가 네 살, 준영이가 세 살 적부터 연재를 시작했던 작품이라 그 시절 아이들의 모습은 물론 한 살씩 먹어갈 때마다 나타나는 특징에 음식이야기가 맛스럽게 버무려져 어떤 부분에 방점을 둔 채 보고 있는지 헷갈릴 정도다.

아이들이 요구해 이런 저런 그림을 그리곤 했는데, 아빠는 어떻게 그림을 잘 그리게 됐느냐는 녀석들에게 아직 보관중인 중학 시절 습작들을 보여줬다. 이렇게 연습을 많이 하면 이만큼은 그릴 수 있다는 취지였다. 녀석들 눈에는 당연히 무척 잘 그리는 것이었을테고 제법 충격이기도 했나 보다. 그 뒤로 잊을 만 하면 한 번씩 이야기하곤 했으니까. 가끔 하던 이야기가 잦아진 건 아이들이 오무라이스 잼잼을 잡게 되면서인데, 두 달 전인가는 딸애가 난데없이 이러는거다.

"아빠, 아빠도 경규 아저씨처럼 회사 안 가고 집에서 일하면 안 돼?"
"음? 경규아저씨? 그게 누군데?" (경규하면 이경규만 생각나던 때다)
"에이, 오무라이스 쨈쨈(딸애는 꼭 이렇게 발음한다) 그린 사람있잖아~ 조경규

아저씨"
"아~ 그 사람은 만화가잖아. 아빠 하는 일은 집에서 하기는 어려워"
"그럼 아빠도 만화 그리면 되잖아"
"엉!!?"

얼마 전 평일 저녁에는 늦은 저녁을 먹고 있는데 옆에 앉은 아내가 딸아이에게 이런다.

"딸, 너 아빠한테 말할 거 있다며?"
"응? 뭐?" (역시나 소파에 누워 오무라이스 잼잼을 보고있다)
"너도 만화에 나오고 싶다며"
"아, 맞다! 맞아맞아 (벌떡 일어나서는) 아빠! 아빠도 만화 그리면 안 돼?"
"엥? 만화?"
"어! 나도 은영이 언니처럼 만화에 등장하고 싶어!"
"하하하~ 이런~ 지금 만화 그리기 시작해서 우리 집 먹고 살기 어려울텐데 괜찮겠어?"
"왜~ 경규 아저씨네도 만화로 살잖아"
"에이구, 그건 재능도 있고 오래도록 수없이 노력해왔기에 빛을 발하고 있다고 봐야하는 거지"

기분이 묘했다. 당황스럽기도 하고 흐뭇하기도 하고 나도 모르게 툭 뱉은 대답에서 내가 쳐놓은 유리천장을 발견한 듯 해 착잡하기도 하고 야트막하게 도전욕구가 올라오기도 하고. 인생 후반전은 웹툰작가로?

오무라이스 잼잼 덕분에 버킷리스트에 한 가지를 더 올릴 수 있었다. 우리 가족이 등장하는 만화 그리기. 비록 단편이라도. 네 컷 만화라도.

대화

아들은 목욕 후 보습때문에 조금 더 건조한 부위에는 오일을 바른 다음 얼굴과 몸 전체를 로션으로 다시 한 번 바르고 있다. 오일만으로도 로션만으로도 해봤고 여러 종류의 오일과 로션이 거쳐갔음은 물론이다. 그러다 잡힌 패턴이 오일은 부분, 로션은 전신인데 꽤 오래 됐다. 목욕이야 혼자 하고 나오지만 오일과 로션바르는 것은 대개 아내가 한다. 나는 가끔 하는데, 요즘처럼 추운 날에는 욕실 안에서 바르기 때문에 그동안은 자연스럽게 둘이서만 이야기할 수 있는 시간이 생긴다.

딸이고 아들이고 요맘때 아이들마냥 조잘조잘 말이 많다. 둘째가 누나보다 말이 더 많은 것 같다. 물기를 닦고 오일과 로션을 바르는 내내 뭔가를 이야기하고 묻는다. 물론 나도 이런 저런 질문을 던지고 이야기를 받아 더 자세히 묘사하도록 유도하지만 대부분 녀석이 이야기를 이끈다.

얼마 전, 퇴근 후 늦은 저녁을 먹고 있는데 아내가 목욕을 끝내고 기다리는 아들에게 들어갔다. 그러곤 밥 두세 숫가락 떴나 싶은데 욕실 문이 열리면서 두 사람이 나오는게 아닌가? 벌써 다 바르고 나온거냐 묻자,

"그럼 그거하는데 얼마나 걸린다고. 맨날 하는건데"
"엄마는 엄청 빨리 하고, 아빠는 천천히 하지"

팬티만 입고 배내밀고 있던 녀석도 한 마디 거든다. 넉넉하게 잡아도 내가 발라주는데 걸리는 시간의 삼분의 일도 안걸렸다. 이 정도면 대충 바르고 나온거

아냐? 내가 너무 꼼꼼하게 바르는 건가라는 생각을 하는 중에 아내가 아들에게 뜬금없이 던지는 질문이라는 게...

"아들, 빨리 바르고 나오는게 좋아 천천히 하고 나오는게 좋아?" (그런건 왜 묻는건데!?)

퍼뜩 머리에 올라오던 아들내미의 반응은 당연히(?) 빨리 하는 게 좋지였는데, 녀석의 답은 이랬다.

"빨리 하는 것도 좋고 천천히 해도 좋아, 왜냐며언~"
(오른손을 들어 검지손가락을 하늘로 향하며) "대화를 많이 할 수 있으니까~"

크리스마스 리스

언젠가부터 가장 크리스마스를 연상시키는 것이라고 하면 리스가 됐다. 크리스마스 리스. 크리스마스라는 단어를 떼고 불러봐도 성탄절 분위기가 풍긴다. 내겐 그렇다. 모르긴 해도 꽃하는 블로그 이웃들을 기웃거리며 눈동냥했던 것이 큰 영향을 줬을거다.

친구 집에서 크리스마스 리스 만들기 강좌가 펼쳐졌다. 친구 아내는 꽃으로 유학도 다녀온 재원인데, 아직 아이들이 어려 집 한 켠을 작업실겸 클래스룸으로 꾸민후 이런 저런 시도들을 하는 정도로 위안삼는 중이다. 그중 아이들을 대상으로 하는 크리스마스 리스 만들기 클래스가 있었고 고맙게도 우리 애들 딱 둘만 놓고 하는 특별한 시간에 마음을 내주었다.

클래스가 끝나고, 부부들이 둘러앉은 식탁에서 친구 아내가 그런다. 결과물의 품질도 품질이지만, 작업하는 과정내내 설명하기는 쉽지 않은 무언가를 느꼈단다. 주변 혁신초등학교 아이들을 대상으로 같은 클래스를 했는데, 자기가 보기엔 대안교육에서 오는 차이같다고 했다.

주어진 네 개의 샘플 중 가장 어려운 것을 고르는가 하면(난이도가 높을 수록 멋지니 혹하지만 대개의 아이들은 선택하지 않는단다) 처음하는 어른들도 쉽지 않은 철끈 잡아매는 매무새가 야무져 자기 손을 보탤 필요가 거의 없었단다. 다른 클래스에서는 철끈을 매는 등 조금 귀찮고 힘들어지면 쉽게 흥미를 잃고 안하려고 해 일일이 돕느라 진이 빠지는데 말이다.

무엇보다 리스 한 켠은 아이들이 직접 구상하고 배치해 꾸밀 수 있도록 일부러 비워뒀는데, 그 공간을 과감하고 자유롭게 쓰는 게 가장 다른 점이라 했다. 대개는 옆의 동무들이 어떻게 하는지 살피면서, 보여준 샘플중 하나를 찍어 똑같이 만든다나. 일반 학교에 다니는 아이들의 경우는 친구와 다른 선택을 하는 모험을 하려 하지 않는 것 같았고 정답을 찾거나 다수의 답을 좇거나 주어진 답에 맞춰가는데 집중했다고 한다.

과연 그런건지는 물론 모르는 일이다. 하지만 상관관계는 있어 보인다. 아이들이 다니는 학교에서는 손으로 뭔가를 만드는 경우가 잦다. 수업으로도 있고 수업에서 배운 것을 쉬는 시간 내내 놀면서 계속하기 때문에 손을 쓰는 일에 익숙해 나타나는 결과라고 보는 것이 맞을거다. 어려워보이지만 하고 싶은 걸 선택하는 과감함이나 빈 공간을 꾸미는데 샘플에 의존하지 않고 자기 뜻대로 하는 것 또한 그런 과정 자체를 격려하고 지원하며 반복토록 하는 분위기에서 말미암는 것이 아닐까 싶은.

아이들은 보기에도 멋지고 선물주기에도 부족함이 없는 크리스마스 리스를 만들어냈다. 하나는 집에 걸고 나머지는 할머니 할아버지 댁에 선물하는건 어떻겠느냐는 제안을 단칼에 거절해버린다는 것은 그만큼 심혈을 기울여 만들었고 마음에 꼭 든다는 반증일 터. 녀석들의 크리스마스 리스는 거실의 벽시계를 뗀 자리에, 주방의 판화액자를 치운 자리에 나란히 걸렸고 매일 저녁 우린 리스에 불을 밝힌다.

바깥은 춥고 차도 밀려요
따뜻한 이 곳 머물러요
차린 건 없고 허접하지만
훈훈하게 크리스마스

마법천자문

전날 학교 친구들 두 명이 놀러와서 아이 넷과 아침을 먹던 어느 날, 이미 여자들은 모두 일어나 식사를 거의 다 했고 나와 둘째 녀석만 부스스한 모습으로 늦게 식탁에 앉았다. 아토피로 잠을 설치는 녀석은 아침에 일어나는 게 힘들다. 당연히 입도 까끌거릴테고 그 불쾌함이 가라앉을 때까지는 약간의 시간도 필요할 거다. 차려진 아침밥을 두고 굵적거리며 딴청을 피우는건 그 때문 아닐까. 아내가 부드럽게 두 번 재촉했고, 그래도 숟가락을 들지 않길래 조금 후에 밥을 손가락으로 가리키며 이렇게 던졌다.

"먹을 식(食)"

여느 아이들과 마찬가지로 두 녀석 모두 마법천자문을 좋아하고 통으로 외워서 한자를 남발하며 놀기도 하는데, 아직 한글도 제대로 읽을 줄 모르는 둘째 녀석이 한자를 척척 읊어대는 걸 보고 신기했던 기억이 나 던져봤던 거다. 아이들이 그리고 놀길래. 그 말이 떨어지자마자 거실에서 책을 읽고 있던 딸내미와 친구 두 녀석이 갑자기 포식자를 찾느라 일어서는 미어캣마냥 목이 쭉쭉 올라온다. 재밌는 상황이 생긴 게지. 과연 동생이 뭐라고 할까 궁금도 했나보다.

그런데, 평소처럼 '큭~' 거리며 웃어넘길 줄 알았던 녀석이 어? 나한테 도전한 거야라는 듯한 눈빛과 표정이 되더니 한 템포 잡았다가 이렇게 받아치는게 아닌가.

"되돌릴 반(反)"

각자의 사연

오랜만에 서울에서 모임이 있다며 나선 아내. 어젯밤에 우리 집에서 잔 딸내미 친구까지 아이 셋과 남았다. 엄마가 집을 나서자마자 녀석들은 주말이니 TV를 보겠단다. 아이들은 TV를 보러 들어가고 식탁에 앉아 메일을 쓰고 있었다. 사십여 분쯤 됐나보다. 방안에서 빨리 골라, 고르고 있잖아라며 투닥거리는 소리가 들리는걸 보니. 갑자기 방문이 벌컥 열리더니 딸내미가 격한 걸음걸이로 나와 안겨서 울음을 터뜨린다. 뒤따라 나오던 녀석 친구에게 눈으로 질문을 건네자 둘째가 빨리 고르라 짜증을 내며 누나 배를 쳤다는 게 아닌가. 아마 다음 볼 것을 고르는 와중에 생긴 상황일텐데, 이상했다. 장난이 심하긴 해도 누나를 때리는 경우는 없는데 말이다.

딸애가 아파서가 아니라 분해서 우는 걸 확인하고는 둘째를 호출해 방으로 들어갔다. 녀석들이 아빠를 어려워하는 걸 잘 알고 있다. 둘째를 부르는 소리부터 화가 묻었으니 긴장 안 할 리 없다. 자초지종을 묻기 전, 왜 말로 안하고 때리는 걸로 표현했느냐, 그리고 여자를 때리면 안된다는 점부터 짚었다. 그리곤 그렇게까지 할 정도의 특별한 사정이 있었느냐 물었더니 몇 마디 꺼내다말고 바로 울음이 터져 알아들을 수가 없다. 그냥 우는 게 아니라 정말 분하고 억울해 못 견디겠다는 듯 주먹을 꽉 쥐기도 매트리스를 내려치기도 온몸을 뻗치기도 하면서 끅끅거리는 게 아닌가.

다그치진 않았다. 이 정도면 그럴만한 사정이 분명 있겠구나 싶었다. 쉽게 사그라들지 않았고 몇 번 말해보라 권했으나 거절당했다. 아무말 않고 기다렸다. 이윽고 입을 떼길, 누나와 약속을 했단다. 한 시간에 세 편을 볼 수 있는데, 토요일은 누나가 두 편을 골라 본 후 나머지는 자기가 정한 걸 보고 일요일은 거꾸로 하기로 했다는 거다. 원래는 누나가 고른 것 보고 자기가 고른걸 본 후 둘이 합의한 걸로 마지막에 봤었는데 이를 의논해서 바꿨단다. 그런데 누나가 약속을 어기고 세 번째도 자기가 고르려고 해 화가 나 그랬다는 것.

그런 약속이 있었느냐 그렇다면 네가 억울해하는 건 이해된다. 그렇다고 표현을 때리는 걸로 한 것까지 옳다는건 아니다. 어쨌건 나라도 분했을거라 다독인 후 딸애를 다시 호출해 다른 방에서 이 대목을 물었다. 딸의 기억은 달랐다. 아빠가 무서웠던지 눈가가 빨개졌지만 울음을 참으며 제법 단호하게 말한다.

"그렇지 않아, 토요일은 내가 세 편을 모두 고르고 일요일은 OO이가 고른 걸로 보기로 했어"

자기는 약속한대로 쭉 고르고 있던건데, 동생이 갑자기 짜증을 내면서 자기 배를 치니 어이가 없었다는거다.

의논한 사안에 대한 서로의 기억이 달랐던 데서 벌어진 일이었다. 아들내미의 기억이 맞는지 딸내미의 기억이 옳은지는 중요하지 않다. 기분이 풀어지면 누나와 다시 의논해서 조정해보라 아들에게 권했더니 고개를 절레거리며 싫단다. 얘기 안할거란다. 무릎으로 불러앉혀 꼭 안아준 후, 이번같은 일은 앞으로도 아빠와 너, 엄마와 너, 너와 친구들, 선생님과 너 사이에 얼마든지 반복해서 일어날 수 있는 일이고 그 때마다 지금처럼 말도 않고 조정도 하지 않는다면 어떻게 될지 생각해 보라고만 했다.

진정된 아들내미를 데리고 거실에 나와 두 녀석에게 서로의 기억이 달라서 생긴 상황이었으니 지금 의논해서 조정해보는 건 어떠냐 했더니, 누나는 쿨하게 그러자며 지금 얘기하자는데 동생은 분이 덜 풀렸는지 여전히 싫단다. 얘기할 수 있을 때 해보라는 정도에서 발을 뺐다. 나머지는 서로가 알아서 할 일이다. 누군가의 기억은 정확하지 않았겠지만, 각자의 입장이 분명했다. 이런 상황에서 누구 하나만 추궁하고 나무랐다면 어떻게 됐을까? 녀석들이 합의하는 방안은 뭘지 몹시 궁금하다.

오레오와 산타할아버지

크리스마스 이브

방학도 했겠다 엄마에게 허락도 받았겠다 아이들과 낄낄거리며 개그콘서트를 보고 난 후 녀석들 침실에 누웠다. 불과 얼마 전부터 아이들은 따로 재우기 시작했다. 얼마든지 자기들끼리 잘 수 있다며 큰 소리지만, 아직은 실험에 가깝다. 며칠에 한 번 꼴로 배가 살살 아파서 안방서 자야할 것 같고 오늘은 가려울 것 같아서 엄마랑 자야할 것 같다는걸 보면.

딸내미는 일찍 자고 아주 일찍 일어나는 아침형이다. 당연히 동생보다 나중에 잠드는 일도 거의 없고 100% 먼저 일어나며 머리만 대면 잠든다. 나랑 똑같다. 음... 머리만 대면 잠드는 것만. 녀석들을 사이에 두고 누워 아프다던 딸애 배를 문지르고 있는데 마음이 바쁜 아들 녀석이 이런다.

"누나, 오늘 우리 빨리 잠들어야 해"

맞다. 얼른 잠들어야 선물도 서둘러 올테니. 누나는 이미 잠들었다. 푹 터지는 웃음을 참자 이내 둘째도 잠에 빠졌다.

성탄절 아침

조금 늦게 자기도 했지만 그제 밤 달리다 난 사달로 얻은 술병이 다 나가지 않아서였을 거다. 늦도록 침대에 붙어 있을 수밖에 없었다. 아내도 마찬가지. 방문이 벌컥 열리더니 딸내미가 뛰어들어와 엄마에게 흥을 쏟아낸다. 올해도 산타할아버지가 원하는 선물을 콕 집어 주고 가셨다며 지 몸통만한 라이언 인형에 부비면서 너무 부드러우니 엄마도 얼른 한 번 만져보라는 둥 동생 선물도 자기 것과 똑같은 크기의 어마어마한 쇼핑백에 들어있었는데 그 속에 유희왕 카드덱 달랑 하나였다는 둥 호들갑이다.

비몽사몽인 중에도 아내는 오레오 이야기를 꺼낸다. 어젯 밤, 성탄전야 미사를 다녀온 아내는 아이들이 잠들고서야 오레오를 사들고 귀가했다. 오레오는 아이들이 손편지와 함께 산타할아버지께 드린다며 준비해달라던거다. 그림책 '나홀로 집에'서 케빈이 우유 한 잔과 함께 오레오와 메모를 남기는 장면처럼 하겠다며 엄마에게 부탁했다 한다. 너희가 잠들어서 오레오와 손편지 세팅을 못했다며 아쉬워하는데 아이들이 난리가 나는거다.

엄마아빠는 모르던 놀라운 뉴스를 자기들이 전한다는데 흥분해서였는지 아님 이럴 줄 알아서, 산타할아버지 드실 걸 준비해야 한다니까라는 자신들의 심산이 맞아떨어진 게 뿌듯해서였는지 두 녀석이 입을 맞춰 침을 튀긴다. 산타할아버지가 오레오를 드셨다는 게다. 두 봉 중 하나를 뜯어 네 개나 먹고 한 개는 남겨뒀다며 디테일까지 오지다.

차마 말못했다. 그거 내가 먹고 하나 남겨놓은거라고. 아내도 아무 말 안하더라. 같은 마음이었겠지. 앞으로도 몇 년 동안 산타할아버지는 오레오를 드시게 되겠구나.

눈싸움

눈이 잔뜩 쌓여있는 와중에 칼같이 제설이 되어 있던 휴양림 구내도로를 오르려는데, 이제껏 어느 휴양림에서도 보지 못했던 표지판이 서 있다. '위험 반드시 1단 기어 사용' S자로 굽이치는 오르막 경사가 어마어마하다. 맨땅이어도 뜨악할 정도다. 흡사 롤러코스터를 타고 올라가는 것처럼 몸이 제껴지니 아내가 걱정한다.

"어우... 무서워. 우리 차도 이런데 뒤에 오는 사람들 차가 올라올 수 있으려나?"
"응? 왜? 그 집 차들은 승용차여서?"
"응..."

엄마 아빠의 얘기를 듣고 있던 딸내미도 무서웠던지 한 마디 보탠다.

"휴우~ 우리 차가 '산차'니까 망정이지"
"음? 뭐라구? 산차? 산차가 뭐지?"
"산차... 산차... 아~ SUV를 그렇게 부르는 거야? 하하하하"

휴양림 취재를 한답시고 설산을 돌아다닌 건 오랜만이었다. 그닥 오래 헤매고 다니지도 않았는데, 엄청난 입김을 뿜어대며 취재를 마친다. 겨울이 아닌 때보다 많은 체력이 소모되는 건 두 말하면 잔소리다.

머리와 어깨에서 김을 모락모락 피울 정도로 땀에 절긴 했지만, 눈의 향연을 보고 들어온 마당에 방안에 모여앉아 TV를 보고 있는 아이들이 눈에 밟힌다. 세 집에 아이들만 여섯이다. 이 정도 눈밭이면 빗맞아도 중상 정도는 되는 추억을 만들 수 있을거다. 부추겼다. 그것만 보고 나가 놀자고.

숨 좀 돌린 후 따라나갔는데, 아이들은 자기 키의 열 배쯤 되는 경사에서 미끄럼을 타며 놀고 있다. 어디서 구했는지 두터운 알미늄 호일 쟁반에 플라스틱 사각쟁반에 종이박스까지 밑에 깔고 꺄륵거린다. 그런데 뭐가 하나 아쉽다. 내 어릴적 분위기가 없다. 어릴 적엔 묻지도 않고 따지지도 않고 눈싸움이었는데.

사내놈들 대상으로 폭격을 시작했다. 마른 눈이라 잘 뭉쳐지지 않았지만, 뭉쳐지는 건 고사포로 쏴올리고 안되면 손바닥에 퍼담아 근접전을 벌여 흩뿌렸다. 가까이서 왕창 뿌리면 재미가 쏠쏠하다. 아니나 다를까, 애들 놀이에 불이 제대로 붙었다.

눈을 왕창 쏟아붓고 싶은데 두 손에 퍼담은 것만으론 너무 모자라다. 객실 앞에 쌓여있던 넉가래가 생각났다. 눈밀어치우는 그 녀석, 넉가래말이다. 두 개를 가져다 밀어대기 시작했더니 아니나 다를까 지들도 해보겠다며 난리다. 맡겨봤지만 잘 될리가 있나 녀석들 힘으론 아직 무리다. 다시 넘겨받은 넉가래로 눈을 왕창 떠다 녀석들 위로 쏟아 던졌다. 녀석들의 거센 반격도 넉가래를 방패삼아 막아내면 됐다. 아빠들이 계속 이기는데도 마치 좀비처럼 달려든다. 표정들이 뭐에 홀린 것 같다.

넉가래 들고 휘두를 힘까지 빠져나갔다. 이젠 백병전이다. 사내놈 둘이 붙고 나머지는 다시 미끄럼을 탄다. 두 겹 세 겹으로 옷 단단히 입었겠다 바닥은 눈밭이겠다. 인정사정 봐줄 필요 없다. 주먹을 뻗어오면 그 팔을 잡고 뒤로 쑥 당겨 버린다. 제 힘에 못이겨 발라당 넘어지는데 십수 번을 당하면서도 좋아죽겠단다. 되레 날아갈 때(?)마다 나름 포즈를 취하며 자빠진다.

어벤저스의 비전을 흉내내기도 한다. 달겨드는 녀석들을 피하지 않고 자세를 낮춰 버티고 있다 가까이 왔을 때 슬쩍 몸통 옆면으로 밀면 퉁~하고 튕겨나간다. '헙~!' 하는 기합까지 실어주면 현장감 만점이다. 엽문인지 이소룡의 절권도인지도 흉내낸다. 와다다다 기합을 실어 녀석들을 툭툭 건드리기만 해도 자지러진다.

피날레는 장풍이다. 양 손바닥으로 가슴과 배를 세게 밀어버린다. 바닥 미끄럽겠다. 만화나 영화에서 봤던 것처럼 주르륵 미끄러져 나가 떨어진다. 뻗어오는 다리, 팔을 걸어 몸이 홱 들려 돌아갈 정도로 쓰러프리는 것도 빼놓을 수 없다. 찰나지만 놀이기구 타는 듯한 짜릿함이 있다. 애들이 어려 가벼울 때나 할 수 있는 기술이라면 기술이다. 할 수 있을 때 해야지.

영하의 추위에 있으면서도 땀이나 팔, 다리, 가슴과 등에서 줄줄 흐르는게 느껴지고 다리도 후들거린다. 방에 들어갔는데 고작 한 시간 지났단다. 아놔 세 시간은 흘렀어야 하는 거 아니야?! 집으로 돌아오는 길 조수석에 앉아 찔끔찔끔 졸면서 끙끙거렸다. 취재한다며 눈밭을 헤매고 들어와 그러고 또 놀았으니 놀랄 일도 아니다.

아직도 겨울에 휴양림가서 뭘해라는 사람들이 있을지 모르겠다. 뭘하긴, 눈만 있어도 다른 아무 것도 필요없다.

열 살, 여덟 살

아빠, 언제 와?

저녁 7시 40분. 사무실

할수 있는 한 안하려고 애쓰는 야근을 할 수 밖에 없는 날이다. 휴대폰이 울린다. 아내라고 뜨는데, 아내가 아닌걸 이젠 안다. 예상대로 아들녀석이다. 오늘은 축구교실이 있는 날, 목소리에 피로감이 두껍게 묻어난다.

"아쁘아~ (이 녀석은 꼭 이리 부른다)"
"오냐"
"아쁘아, 언제 와?"
"음, 8시 한참 넘어서나 출발할 수 있을 것 같은데... 왜? 졸려서 자려구 전화했어?"
"아니, 아빠 보구싶어서"
"고뤠에~~? 고맙네~"

스피커폰이었는지 옆에서 딸내미의 '나두' 라는 말이 들린다.

자정이 다 된 시각. 집

귀가해서 재활용쓰레기 버리고 대충 씻은 후 맥주 한 병을 까서 아내 옆에 앉았다. 딸기랑 시원하게 맥주 한 잔을 넘기는데, 아내가 이런다.

"아들이 왜 전화해서 언제 오느냐고 물었는지 알아?"
"음? 이유가 있었어?"
"후후, 나원 참. 얘가 축구다녀와서 이러는거야. 엄마, 내가 곰곰히 생각해봤는데, 아무래도 일주일에 이틀만 한 시간씩 TV 보는 건 너무 적은 것 같아. 하루만 더 늘리면 안될까?"
"뭐? 큭큭큭 이 녀석 보게, 그래서?"
"어이없기도 하고 귀엽기도 하고, 엄마 생각은 그 정도까진 괜찮겠다 싶은데 아빠 의견도 중요하니 퇴근하면 물어보고 결정하자 했지. 그랬더니만 기다리다 기다리다 전화한거야"

꺼내진 않았지만 웬일이야 싶었다. 주말 이틀에 한해 한 시간씩이란 합의를 한 것도 아내였고 아내가 나보다 더 TV시청에 민감하다 여기고 있었는데, 예상보다 너무 쉽게(?) 물꼬를 터줬으니 말이다. 왜 그때 바로 한 발 양보한건지 물어볼 생각은 못한걸까.

"흠... 녀석들의 얘기를 직접 들어보고 싶네. 그리고 나서 결정하자구"

두 녀석 모두 눈치가 없는 편은 아니지만, 누나의 눈치는 둘째에 비할 바가 아니다. 난처한 이야기를 꺼내야 할 때 누나는 뒤에서 지령을 내리거나 심드렁한 척 동의해주며 그럼 네가 가서 말해보라고 슬쩍 팔꿈치로 미는 걸 종종 본다. 그럼 누나의 동의까지 얻은 둘째놈은 의기양양하고 씩씩하게(?) 와서 훅 뱉어놓기 일쑤. 한 소리 얻어들어도 기분 나쁜건 그때뿐인 아들 녀석과 꽤 상처를 받는 딸내미인 걸 생각해 보면 녀석들이 구사하는 전략은 어쩜 서로가 마음을 덜 다치고 상황을 정리할 수 있는 나름의 묘안이 아닌가 싶기도 하다.

녀석들은 과연 어떤 이유를 들까? 그간 또 얼마나 자랐을까? 지난 주말, 엄마가 없는 동안 셋이 식탁에 앉아 세월호 사고 원인에 대한 얘기를 시작했다가 무려 사십오 분간 열띤 대화를 했는데, 어떻게 회의가 풀려갈지 궁금하다. 아빠 서슬에 눌려서 할 말 못하고 그러면 안되니까 표정관리 잘해야 할텐데, 설마 '그냥...' 뭐 이런 이유대는 건 아니겠지, 너무 기대하나.

이번엔 내가 사줄께

방학을 했고 둘째는 독감과 함께 새해를 맞이했다. 처방약을 먹고 하루만에 정상 컨디션이 됐지만, 전염 우려 때문에 아내와 아이들은 의도치 않은 감금 상태로 며칠을 보내고 있다. 셋이서 지지고 볶는 와중에 먹고 싶은 것 이야기가 나왔나보다. 요즘 아이들의 외식거리는 둘 중 하나다. 쌀국수 아님 난. 그렇다. 카레와 함께 먹는 난. 인도 카레가 아니라 난에 꽂혀있다. 밀가루 좋아하는 딸내미가 먼저 꺼냈나보다.

"아~ 난 먹고 싶다"
"그래? 그럼 우리 지난 번 갔던 근처 그 집가서 외식할까?" (아내는 우리집에서 밀가루를 가장 좋아한다)
"그래, 가자 가자. 지금 지금"
"지금? 에이, 그건 아니다. 아빠 있을 때 아빠랑 같이 가자. 주말에"
"에이~ 지금 먹고 싶은데"
(가만히 있던 둘째녀석) "그래, 주말에 먹자. 이번엔 내가 사줄께에~"
"뭐어~?!!"
"엥? 진짜?!"

큰애와 아내가 깜짝 놀란 건 무리가 아니다. 둘째녀석이 돈에 예민하기 때문이다. 학교 선생님께도 비슷한 얘기를 들었다. 학기당 두 번 정도 열리는 나눔장터에서 가져간 물건을 팔아 별(대안화폐)을 챙긴 후, 남은 시간동안 여기 저기 다니면서 고학년 누나들 옆에 붙어다닌다나? 따라다니며 와 이거 멋지다며 혼잣말을 하고 계속 만지작거리나 본데, 그 모습을 귀엽게 본 몇몇이 비싸지 않은 건 사준단다. 선생님은 수완이 좋다고 말해주셨지만, 뭔가 거렁뱅이짓에 다름아닌... 대체 누굴 닮은 건지 알 수가 없다. 왜 그러는지 물어본 적이 있다.

"너 별을 그렇게 모은다며? 그거 모아서 하고 싶은 게 있어? 뭐 하려는데?"
(멋쩍은 듯 입을 양옆으로 주욱 늘리더니) "으응~ 기부하려고"
"뭐?! 기부? 대단하긴 한데, 너 기부가 무슨 뜻인 줄은 알아?"
(역시나 멋쩍은 듯) "아니, 몰라... 흐흐히히히힛"

설명은 못해도 기부의 의미는 알고 있는건지 정말 기부하겠단 마음인건지 모를 일이지만, 학교서만 쓸 수 있는 별에도 이런데 진짜 돈은 말해 무엇하랴. 이런 녀석인 걸 아는데, 외식대를 제가 내겠다는 말에 놀라지 않을 수 없다. 외할머니가 생일선물로 주셨던 오만 원으로 선심을 쓰겠다는 말이었는데 녀석에게 오만 원이면 거금이 아닌가. 유희왕 카드덱을 무려 스무 개나 살 수 있는 거금.

"근데... 오만 원 넘으면 어떡하지?"
(말끝나기 무섭게) "괜찮아, 넘으면 차액은 엄마가 내줄게. 그럼 약속했다?"
"와~ 신난다"
(장난기 가득한 표정으로) "음... 잠깐, 그럴 수도 있고 아닐 수도 있고"
"어... 뭐야, 그러기 있기 없기? 약속한거다?"
"그래, 안가면 너 나빠. 약속한거야?"
"우웅~ 이히히히히히힛헷"

녀석은 약속을 지킬까?
과연 오만 원이란 거금을 선뜻 가족 외식비로 내놓을 수 있을까?
만일 값을 치른다면 그 때 녀석의 표정은 어떨까?
궁금하다 궁금하다 궁금하다.

돼지책을 떠올렸던걸까?

부모님도 동생네도 차로 이십 분 안팎이면 닿는 거리에 산다. 가까이 사니 더 그렇겠지만, 부모님이 모두의 생일을 일일이 챙기려 하고 각별히 여기는 덕분에 12월부터 2월까지는 제사뿐 아니라 연말연시와 설 명절에 다섯 명의 생일까지 겹쳐 그야말로 북새통이다. 꼼꼼히 챙기는 이유는 뻔하다. 그래야 한 번이라도 더 얼굴보는 거 아니냐는 것. 생일과 명절이 아니면 오라가라는 말씀이 따로 없이 당신들이 바쁘게 지내시니 생략하자거나 몰아서 하자는 말은 농담처럼 건넬 뿐 진지하게 꺼내긴 쉽지 않다.

지난 주말은 둘째의 생일모임. 오랜만에(?) 우리 집으로 모여 직접 준비한 음식들로 치렀다. 집이 좁아 어른 여섯 명을 치를래도 붙박이 식탁에 테이블을 이어붙여야 하는데, 그러면 거실이 꽉 찬다. 덕분에 준비를 많이 하면 상다리가 부러질 듯하고 조금 덜해도 뭔가 많이 한 듯한 착시현상은 덤이다. 웃고 떠드는 동안 서너 시간 정도 흘렀을까? 언제나 그렇듯 아버지께서 그러신다. '자, 이제 그만 일어섭시다' 쌩뚱맞은 타이밍에 일어서자는 제의는 아버지 전매특허다.

우르르~ 일어나 주차장으로 가는 길을 당연히 배웅하러 나섰다. 두 집 모두 아파트 현관에서 조금 떨어진 지하 주차장에 댔다길래 그리로 가서 보내고 들어오는 길. 막 아파트 출입구를 빠져나가던 동생네 차가 경적을 울리는 게 아닌가? 돌아보니 제수씨가 창을 열고 다른 곳을 보며 'OO아~ 너 왜 그래?' 라고 소리치는데, 그쪽에서 딸내미가 훅 튀어나온다. 날도 추운데 외투도 안걸치고 집안에서 뭐에 놀라 막 뛰어나온 차림새다. 얼굴에는 울음이 가득하다. 나를 지나치더니 그대로 집으로 들어가 버린다.

얼레? 아들내미도 뒤따라 뛰어나온다. 녀석 또한 겉옷이 없다. 헐레벌떡 뛰어나왔다는 뜻이다. 독감이야 지나갔다지만 아직 콧물감기가 제법 독하게 남아있는 녀석인데 목을 훤히 드러내놓고 이러고 있다. 너는 왜 나와 있는거냐 물었더니 누나가 뛰어나가길래 따라나왔단다. 얼른 데리고 들어와서 딸내미를 찾았다. 안에서 엉엉하며 우는 소리가 들린다. 녀석들 방으로 들어갔더니 이불더미에 엎드려서 서럽게 울고 있는 게 아닌가?!

진정되고 들은 얘기는 이랬다. 자기들에게 아무 말도 없이 나가서 오래도록(?) 안들어 오는 바람에 놀랬고, 전화를 하려 했더니 두 사람 모두 휴대폰까지 집에 두고 나갔길래 더 놀랬다는거다. 불과 오 분에 불과했을 텐데... 아무리 녀석들에게 어디 가면 어디 간다, 뭘 하면 뭘 하는거고 왜 하는거다를 꼬박꼬박 얘기해왔다는 걸 감안해도 딸내미가 유독 혼자 있는걸 무서워한다는 걸 감안해도 공감하기 어려웠다. 혼자도 아니고 둘이었는데.

아마 우리가 나가고 얼마 안된 때부터 딸내미는 겉옷도 잊은 채 계단실을 내려와 아파트 현관에서 아빠 엄마가 왜 안오나 밖을 살피고 있었나보다. 그러다 혼자 남은 동생이 따라 내려왔고, 자기들 입장에선 기다리고 기다리다 찾으러 뛰어나갔고 아파트 현관의 경비실까지 갔던 거다. 아이들의 말에 깜짝 놀랐고 참 모를 일이구나 싶었다. 다 컸다, 많이 컸다, 이제 애 티가 없어졌다, 반항끼가 슬슬 돌기 시작한다 등등 아이들의 성장에 대해 여러 생각과 이야기가 있던 터라 괴리감도 크다. 설마... 옛적 '돼지책' 을 떠올렸던걸까?

발등댄스와 쟈나쟈나

집에서 이런 저런 딴짓을 하고 있다보면 인기척이 느껴질 때가 있는데, 십중팔구는 딸내미다. 빼꼼히 들여다보곤 알은 체를 하지 않으면 돌아가는 게 느껴진다. 물론 대부분은 돌아보는데, 그 때마다 빙긋 웃으며 이런다. '아빠, 잠깐 이리 와봐'

이끄는 손을 따라 가면 거실 소파 앞이다. 히히거리면서 소파 위로 오르더니 팔을 내 목에 걸고 폭 안긴다. 매단 채로 거실 여기 저기를 돌아다닌다. 안다니고 서있으면 어서 가자고 하니 언제부턴가 자동이다. 이젠 제법 무거워져서 허리 아프다며 핑계를 대보지만, 그런거 감안해서 가끔가다 이러니 안할 수도 없다. 녀석은 떨어질 새라 다리로 허리까지 감고는 단단히 붙어 버틴다. 깔깔거리면서. 마무리는 침실 매트리스 아님 소파다.

빈도는 더 적지만 발등댄스를 추자는 경우도 여전하다. 무척 오래 전부터 해오던건데 녀석은 여전히 재밌나보다. 특히 긴 다리로 멀찍이 높게 들어올릴수록 더 좋아한다. 잠깐이지만, TV나 영화에서 봤던 장면이다. 그때 기분은 묘사가 어렵지만 좋다. 뭔가 몽글몽글하고 따사롭다. 어른도 이런데 아이는 어떨까. 녀석을 발등에 올린 채 추는 춤은 언제까지 할 수 있을까? 그럴 수 없을 때가 와버린다면, 아내나 딸과 사교댄스를 배워 춰보고 싶다. 많이 뜬금없나. 영화 쉘위댄스 생각나네.

딸내미는 또박또박 말한다. 말을 안꺼내면 안꺼냈지 꺼내면 분명하게 말하고 말꼬리가 흐트러지는 경우가 거의 없다. 그래서 대비가 되는거지만, 아들녀석은 안그렇다. 명확하게 발음하라 짚고 싶은 마음이 굴뚝같으면서도 당췌 하지 말랄 수가 없다. 평소엔 안그러다가도 둘이 대화할 때면 말꼬리가 개그맨 김준호의 유행어처럼 바뀐다. 맞다, 쟈나쟈나(잖아 아니다. 쟈나 다.)

"아빠, 있쟈나아~"

거기에 사람 몸에 코를 박고 킁킁거리면서 냄새맡는 신공까지 더해지면 이건 뭐 무장해제다. 그럴 때마다 아내는 질색하며 손가락으로 아들내미 머리를 밀어대지만, 고리눈을 뜬 채 웃음을 실실 날리며 계속 매달리는데야 어쩐단 말인가. 막내들이 날 때부터 장착한다는 필살기라고 밖에 설명이 안된다. 금새 없어지고 말 장면일텐데, 녹화나 녹음이라도 해놔야지 하면서 맨날 잊어버린다. 이렇게 기록이라도 해놓으면 나중에 고스란히 떠오를까.

왜 뷔페를 주말에 왔어?

장모님 생신으로 주말 점심에 모이기로 한 스시 뷔페, 장모님을 비롯해 미사를 다녀오는 사람들에 맞춰 가면 최소한 사십 분은 대기해야 한다면서 일부가 먼저 가서 자리를 잡고 미사가 끝나면 바로 와서 합류한다는 계획이었다.

뷔페는 이미 손님으로 가득하다. 안내받은 자리는 가장 안쪽의 룸으로 삼십여 명 정도가 앉을 수 있는 곳이었는데, 사방이 막혀있다보니 조금만 큰 소리를 내도 공간에 꽉 찬다. 어른 셋과 아이 셋이 앉아 기다리는데, 아이들이 가만히 있을 리 없다. 테이블 매트를 돌돌 말더니 장난을 시작하다 점점 소리가 커진다. 할머니가 도착하려면 제법 기다려야 하니 아이들에겐 긴 시간임을 감안했지만 반복해서 제지하고 주의줄 수 밖에 없었다.

그러던 중 아들 녀석이 제대로 걸렸다. 반복해서 주의를 주던 터라 나도 짜증이 올라와 있었는데, 그 기운이 그대로 실린 광선을 눈으로 쏘고 손으로 가리키며 지적했다. 그 때부터 시작됐다. 녀석은 미간을 좁히고 굳은 표정으로 가만히 앉아 나머지 두 녀석의 장난에도 아랑곳하지 않는다. 이내 장모님과 아내가 도착했고, 퉁한 표정으로 앉아있는 녀석을 보곤 왜 그러느냐 묻는다. 시끄럽게 떠들다 내게 혼났으니 내버려두라 했다. 모두가 음식을 가지러 나가고 아들과 나만 남았다. 달래줄까 말까 잠시 고민하다 물러설 때가 아니라고 판단했다.

"아들, 너 왜 그러고 있는거야?"
(보지도 않고 입을 오무린 채 중얼거린다) "아빠한테 혼나서 삐진거지 뭐, 킁~"
"... 그게 아빠가 잘 못 한거야?"

(도리도리하며 머리를 저으면서도 눈가에는 눈물이 맺히려고 한다)
"그러면 이제 그만해. 지금 아빠 무지 화난 거 참고 있는 거니까"

다행히(?) 말을 마치는데 아내가 돌아왔다. 분위기 눈치 챈 엄마가 같이 음식 가지러 가자며 부르자 엉덩이를 떼 나가는데 그렁그렁하던 눈물 두어 방울이 테이블에 톡톡 떨어진다. 혼날만 했다는 건 알겠는데 그래도 화는 난다는 걸 몸으로 말하고 있다. 다시 조곤조곤 이야기를 해볼까 하다 꾹 참았다. 시간을 두는 것이 낫겠지 싶었다. 배가 든든히 차고 나면 또 다르겠지 싶었다.

녀석이 좋아하는 음식들로 몇 번 돌고나자 아들내미는 언제 그랬냐는 듯이 능청떨며 웃고 장난치며 논다. 내게도 이런 저런 질문을 던지며 꺄르거린다. 아빠에겐 오만상 찌푸린 채 있는대로 짜증내는게 통하지 않는 걸로 알고 있거나 아직 무서워서 금새 접었는지 모를 일이지만, 한시름 났다.

식사 후 옮겨간 처가 식탁에 우리 부부와 아주머니가 모여 앉았다. 이런 저런 얘기 중에 아내가 뷔페에서 있었던 상황 한 토막을 꺼내놓는다. 내게 혼나 뾰루퉁해있던 녀석을 데리고 음식을 가지러 가는데 녀석이 그러더란다.

"엄마, 왜 뷔페를 주말에 왔어. 평일에 오지"

이 말인 즉슨, 평일에 왔으면 아빠가 출근하느라 못왔을거고 그럼 혼날 일도 내가 기분 나쁠 일도 없었을 것 아니냐는 것. 허허~, 이 녀석 일관성 있네. 몇 년 전에는 왜 두 마리를 낳았냐 그러더니만. 혼난 것 때문에 기분이 나빠서 그랬는지, 배도 많이 고파 날카로와졌어서 그랬는지, 다른 아이들도 떠드는데 자기한테만 뭐라 해서 그랬는지 모르겠지만 조만간 녀석하고 조용히 얘기 한 번 해봐야겠다. 서슬에 눌려 할 수 없었을 뿐 녀석도 하고픈 말이 있었을거다.

배웅

밤 10시

학교 아빠모임이 있는 날이라 늦었다. 아내가 작은 방에서 머리만 쏘옥 내밀고 맞는다. 아이들은 잠들었다. 어제 학년 모꼬지를 가서 1박하고 온 딸내미는 오늘도 얼굴을 보지 못했다.

"모꼬지는 어땠대?"
"응, 꽤 재밌었대. 눈이 오는데도 레일바이크 탔다더라구. 천막이 달려 있었대"

그렇게 시작한 대화는 이런저런 화제를 오가며 두 시간 가까이 이어졌고 잠자리에 든 건 자정이 넘어서다.

이튿날 새벽○○시

몇 시였는지 모르겠다. 딸내미가 옆에서 부르는 바람에 깼다. 녀석은 종종 배가 아프다며 제 방에서 안방으로 건너온다. 가끔 약을 먹기도 하지만, 대개는 옆에 뉘여 배를 문질러주면 괜찮아한다. 꽤 반복되어온 상황이라 자동으로 이불을 들춰 아내와 내 사이에 눕히곤 배를 몇 바퀴나 문질렀을까, 이내 잠들었다.

새벽 5시 4분

스산한 기운에 잠이 깨버렸다. 음, 딸내미가 이불을 돌돌 말아 가져가버렸다. 왠만해서는 안깨는데, 우리 집이 너무 추운건지 나이가 든건지 이리 쉽게 깨버리다니. 혼자 자고 있을 아들놈이 생각났다. 잠버릇이 고약한 녀석인데다 아직도 코감기가 떨어지지 않았는데, 언제나처럼 이불을 있는 대로 걷어찬 채 자고 있을 것 같다. 건너갔다. 예상대로 반쯤 헐벗었다. 고쳐 덮어주고 옆에 누웠더니만, 바로 옆구리로 발가락이 파고든다. 아내가 기겁하는 이 녀석의 시그니처 잠버릇이다.

새벽 6시 30분

평소같으면 일어나 배웅해주는 딸내미인데 모꼬지로 피곤했는지 나오지 않는다. 얼굴이라도 보고 집을 나서고 싶지만, 자는 방의 암막커튼때문에 칠흑이라 얼굴을 제대로 볼 수가 없다.

중문을 닫고 현관을 거쳐 방화문을 열고 나가려는 찰나. 현관 뒤에서 인기척이 들리는 것 같다. 멈칫. 아니나 다를까 딸내미가 내복바람에 맨발로 나와서 현관문을 열고 있다. 나가는 기척을 듣곤 잠깐이라도 아빠보려고 안방에서 뛰어나온거다. 얼른 실내로 데리고 가서 꼭 안아주고 들어가 조금 더 자라고 서둘러 보냈다. 뒤돌아보며 손으로 뽀뽀를 날리곤 안방으로 들어가는 녀석. 그 모습에 아내가 겹쳐진다. 그렇게 두 사람은 닮아가고 있다.

협상

며칠 전, 언제 집에 오느냐며 전화한 아들내미에겐 얼른 해치우고 싶은 중요한 사안이 있었다. 맞다, TV시청 시간을 조금 늘리자는 얘기를 꺼내려던거다. 바로 그 다음날, 식탁에서 그날까지 보내주기로 한 메일을 정신없이 쓰고 있는데 아들이 엄마에게 묻는다. 아빠 엄마가 얘기를 나눠 결론이 났을 거라 생각했던 건지 아빠에게 선뜻 말 꺼낼 용기가 부족해 엄마를 통하려 했던 건지 모를 일이지만 말이다. 엄마는 아빠와 얘기해보라하곤 씻는다며 욕실로 들어가버렸다.

"아빠, 할 얘기가 있어"
(노트북을 접고 아들을 마주보며) "어, 그래? 이리 와서 앉자'

딸내미는 거실에 엎드려 책을 보고 있다. 뭐지? 둘이 먼저 입을 맞춘 게 아닌가? 왜 관심이 없지?

"딸, 회의하는데 너는 참여안하는거야?"
"난 별 상관없는데? 더 보지 않아도 돼는데"
"그래? 그럼 TV 보는 시간을 늘린다고 결정해도 동생한테만 해당되는거다?"
(잠깐 실망한듯 했으나 이내 끄덕이며) "그래"
"에이, 그러지 말고 둘이 생각을 맞춰와. 어떻게 한 녀석은 더 보여주고 다른 녀석은 아니고 그런다니"
(마지못한다는 듯이 일어나 식탁으로 다가오며) "그래, 그럼 나도 할래"

회의 시작. 성격 급한 아들이 먼저 말을 꺼낸다.

"엄마한테 얘기들었지? TV보는걸 조금 늘렸으면 해. 아빤 어때?"
"엄마랑은 어떻게 얘기됐니?"
"월요일에 축구다녀와서 샤워한 다음에 한 시간 보는걸루. 축구말고 다른 거 하다 오거나 했을 땐 아니구"
"응~ 조건부로 알겠다 한 거구나. 그 생각을 어쩌다 하게 된거야?"
(잠시 생각한다) "어.. 다른 요일에는 저녁에도 뭐가 있잖아. 설명설명설명. 그러니까 남는 날은 월요일뿐이거든"
"음. 그럼 이런 건가? 다른 요일은 저녁에도 할 게 있어서 TV가 필요없는데, 월요일은 없으니 심심해서"
(바로 그거지라는 낯빛으로 천진난만하게) "어!"
"다른 요일이 할 것으로 가득 차있으니 월요일에는 네가 하고 싶었던 걸 할 수도 있지 않아? TV보는 거 말고도 말야"
"음, 그건 그렇지"
"축구 다녀와서 샤워하고 나오면 몇 시쯤 되지?"
(뭘 짚어보려는지 알겠다는 듯 딸내미가) "다섯 시 삼십 분, 여섯 시쯤"
"저녁 밥 먹는 시간하고 애매하게 겹치겠는데..." ('너 저녁먹게 TV끄고 나오라면 있는 짜증 없는 짜증 다 낼거잖아, 엄마한테)
"그러네"
"딸내미 생각은 어때?"
"더 봐도 좋지만, 지금도 괜찮다고 생각해"

이 회의가 뭐라고, 어떻게 내 생각을 표현하고 상황을 정리할까 상당한 에너지가 필요했다. 아무래도 아직은 어려운 아빠에게 용기내서 말을 꺼낸 아들내미를 다독여 다음에도 자기 생각을 개진하고 회의하고 협상하는데 거리낌이 없도록 해주고 싶었기 때문이다. 동시에 왜 TV시청을 되도록 제어하려는지 아이들 눈높이에 맞을만한 이야기로 가공해야 했기 때문이기도 하다.

"얘들아, 엄마나 아빠가 왜 TV보는 걸 이렇게 빡빡하게 할까? 너희도 TV보면서 느끼겠지만, 계속 보고싶지 않니?"
(끄덕끄덕) "어, 그렇지"
"TV라는게 희한해서 시간이나 프로그램을 정해놓고 끄는 습관이 안들어 있으면 나도 모르게 계속 보고 있게 되더라구. TV보는 것보다 더 중요한 일, 내가 하고 싶은 거, 해야 하는 것을 잊거나 미뤄버릴 정도로 말이야. 그건 어른들도 그래"
(조금 알겠는지 아닌지 묘한 표정) "..."
"우리는 지금 그런 좋은 습관을 들이고 있는 거야. 너희가 더 커서 혼자 TV를 볼 때도 너무 빠져들지 않게 조절할 수 있도록 말이지. 그렇게 생각해보면, 아빠도 아직은 주말에 보는 정도가 적절한 것 같아. 다만, 지금을 유지하다가 TV시청 시간을 늘려도 되겠다 싶은 때 언제든 다시 얘기해. 또 의논해서 정할 수 있고 너희는 그 동안에도 훌쩍 자라니까"

아들을 보니 마음에 썩 들진 않지만 수용할만하다 싶을 때 예의 짓는 그 표정으로 고개를 끄덕인다. 하지만 이유불문하고 자기 의견이 관철되지 않았다 또는 아빠에게 눌렸다고만 느낀건지 잘 모르겠다. 조심한다고 했는데도 그렇다. 재우려고 두 녀석 사이에 누워 아들녀석에게 한 마디 더 해줬다.

"아들, 나 오늘 너한테 좀 놀랐다"
"뭐가"
"매일 한 시간씩 보던 걸 엄마와 얘기해서 주말에만 한 시간씩으로 바꿨던건데, 이만 저만한 이유로 월요일 하루만 더 보면 어떻겠냐며 네가 원하는 걸 말하고 협상을 했던거잖아. 그렇게 하는거야. 원하는 걸 말하고 의논까지 가면 가능성이라도 생기는데, 말하지 않으면 바뀌는 건 없으니까"
"…"

어려웠나? 아이들이 잠든 후 씻고나온 아내에게 말해줬더니만 그런다. 당신 생각처럼 몇 달 뒤에 또 얘기를 꺼낼까? 자기가 생각하기엔 결국 아빠 맘대로야 라고 느끼기 십상이지 않았겠느냐다. 어렵다. 어렸을 때 TV보는 걸 뭐라 했던 부모에게 자란 사람들의 경우를 보면 상처받았었다는 말을 하는 경우가 꽤 많았고, 직장동료중에는 게임하는 걸 너무 제지당하자 돈을 벌기 시작하면서 게임기와 게임을 사모으는데 천착하게 되더라는 경우도 봤어서 고민은 더욱 깊다. 억눌렸다가 확 터지는 건 아닐까하는 노파심이다.

TV를 넘어 스마트폰, 게임까지 앞으로 넘어야 할 산이 많다. 미리 고민한다고 묘안이 나오는 것도 아니요, 있다고 하더라도 시시각각 변하고 자라는 아이에게 딱 맞는 기성묘안이란 있을 수 없다는 것도 알겠다. 조건이 이러니 다른 집의 사례는 공감하고 위로받는 이상의 효과를 기대한다는건 무리다. 백인백색. 조심하고 주시하고 관심갖고 부딪히는 수밖에. 녀석은 과연 이 얘기를 다시 꺼내들게 될까?

말만한 딸내미

출근 직전

일찍 나서는 편이라 여섯 시면 일어나는데, 그보다 한참 전에 일어난 아내가 주방에서 바쁘다. 오늘은 아들내미가 학교에서 숲놀이를 가느라 도시락을 싸야 하기 때문이다. 늘 일찍 일어나는 딸애는 소파에 책을 얹고 바닥에 무릎을 꿇은 채 읽고 있다. 둘째는... 쿨쿨 자고 있다. 딸내미 옆에 서 다녀올께라며 팔을 벌리자 녀석이 일어나더니 코를 배에 들이밀며 허리춤을 꼭 끌어안는다. 어라? 오늘은 한가지를 더한다. 한쪽 다리를 들더니 내 다리에 감는데, 그게 뭐라고, 기분 되게 좋다.

퇴근 후 저녁먹기 직전

씻고 나왔더니 상이 차려져있다. 소파를 지나는 참에 우리 아직 인사 못했지라고 건네자, 소파에서 책보던 딸내미가 일어나더니 팔을 벌린다. 가까이 갔더니 팔은 목을 두르고 다리는 허리를 감아 얼른 매달린다. 근데, 헉...! 지난 번에 매달렸을 때랑 느낌이 완전 다르다. 엄청 무겁다!

그간 밥 먹자마자 먹을 것을 찾고 식간에도 끊임없이 주전부리를 찾는다 싶었는데, 충실기였나보다. 식탁 옆자리에 내려놓으며 '아우~ 우리 딸내미, 이제 말만 한 처녀가 되가네' 했더니만 녀석이 '말만 한...?' 하며 고개를 갸웃거리더니 푹 터진다. 그러곤 하는 말.

"음, 내가 말 많은 축에 속하긴 하지"

아내는 이미 빵 터졌다. 몇 초 후에야 터진 나. 이 녀석, 잘못 알아듣고 그런 걸까? 아니면 벌써 언어 유희를 하는걸까? 이 년 전 아들녀석의 에피소드 '엄마 하나 드리라니까'가 겹쳐진다.

따로 재우기

아이들을 따로 재운지는 꽤 됐다. 둘째의 아토피가 많이 좋아져, 자다 깨는 주기가 며칠에 한 번 정도일 때부터였던 것 같다. 이층 침대를 넣은지 오래 됐건만, 아직 녀석들은 1층에서 함께 눕는다. 1층 바닥에 요를 까는 벙커스타일 침대라서 가능한 장면이다. 일찍감치 딸내미가 2층을 찜했지만, 아직 혼자 올라가 자는건 무섭단다. 자는 동안 90도로 고쳐눕기는 기본이요, 180도 돌아눕기까지 하는 잠버릇의 동생을 안쪽에 놓고 누나가 바깥쪽에 눕는다. 안그러면 아들내미는 맨바닥에 누워자는 경우가 태반일거다.

안방의 맞은 편 방에서 재우는데, 양 문을 아주 약간 열어놓는다. 큰 소리로 부르면 들리라고 열어놓는 거다. 따로 재우기 시작한 지 얼마 안됐을 적만 해도 가끔씩 가려워서 소리치는 둘째에게 달려가곤 했는데, 얼마 지나지 않아 누나를 안방으로 보내 조용히 깨운다. 둘이 의논을 한 걸까? '너 소리치면 어차피 나 깨는건 물론이고 큰 소리에 놀라니까, 차라리 그냥 날 깨워. 내가 엄마 아빠한테 가서 얘기할게' 뭐 이렇게 말이다. 그랬던 것도 얼마간, 요즘은 딸내미가 동생의 부탁을 받고 건 너오는 일도 없어지다시피 했다. 아들은 밤 내내 비교적 잘 자고 있다.

언제부턴가 아이들이 잠들기 전에 집에 들어온 날이면 내가 아이들을 재운다. 재운다기 보다는 아이들이 잠들 때까지 함께 누워있는 것에 불과한데, 이 과정은 특히 딸내미에게 중요하다. 녀석은 매일처럼 '오늘은 누가 재워줄거야?' 라고 묻는다. 말하지 않아도 알지만, 1순위는 엄마다. 내가 재워준다 해도 딸내민 '엄마, 정리하고 씻은 다음에 꼭 들어와야 돼?' 라는 말을 빼먹지 않는다. 아내는 꼭 들어온다, 대개는 아이들이 잠든 후. 함께 잠들어버린 날 깨우러.

두 녀석 사이에 누워 각자의 이불을 반씩 걸치고 있는 시간은 제법 특별하다. 한동안 몰랐는데, 계속되다 보니 특별하게 느껴지더라. 특히 야근으로 며칠만에야 재우러 누웠을 때 그렇다. 제 시간에 눕고 두 녀석 모두 말짱한 날은 책을 읽어주기도 하지만, 대부분은 머리대고 얼마 지나지 않아 곯아떨어져버린다. 잠들기까지 몇 분 동안이 재밌다. 길 때는 삼십 분에도 육박한다. 녀석들과 가장 많은 얘기를 나누는 시간, 아니 듣는 시간이 그 때가 아닐까? 또렷한 투로 조잘거리다 갑자기 말을 멈추길래 봤더니, 그대로 잠들어버린 경우도 있었다.

아들내미는 몸에 열이 많은 반면 딸내미는 추위를 많이 탄다. 나도 아내도 몸이 찬 편인데, 아니 엄밀히 말하면 손발이 찬 편인데, 딸도 그렇다. 겨울에 두 여자가 맨발을 내 살갗에 대면 소스라칠 정도다. 재워달라는 녀석의 청은 잠들 때 옆이 따뜻했으면 하는 데서 나오는 것일 수도 있겠구나 싶다. 옆에 누우면 녀석이 파고든다. 팔짱도 끼고 이렇게 저렇게 달라붙어서는 '에요~ 따뜻해, 에요~ 좋아'를 연발한다. 가끔은 그런다.

"아빠는 몸이 참 따뜻해"
"엉? 그래? 아빠도 몸이 찬 편이라 그러던데…?"
"아냐아~, 아빠는 좀 특별하게 따뜻해"

나이들면서 체질이 변하고 몸도 따뜻해진 건지 모를 일이지만, 적어도 나는 우리집에서 아내와 딸내미에게 따뜻한 사람이 되었다.

십 분 센 척

"딸내미랑 여덟 시 미사 다녀올께요. 아들은 집에 있을 거에요. 국 데워서 저녁 먹어요"
"엉, 근데 둘째만 혼자?"
"엉, 자기 올 때까지 잠깐이니까"

퇴근 길 아내와 주고받은 카톡의 내용이다. 좀 이상하다. 아내가 왠만하면 아이를 혼자 두지 않기 때문이다. 얼마 전부터 아들녀석은 한두 시간 정도 집에 혼자 있을 수 있다며 큰소리를 치던 차이긴 했다. 그런 말을 했느냐며 신통하다며 넘어갔었는데, 오늘 첫 도전을 하는 셈이다. 대략 이십 분 정도 혼자 있는 것부터.

지하철을 내려 집까지는 걸어서 십오 분은 족히 걸리는데, 삼분의 일쯤 되는 지점에서 전화가 울린다. 아내와 카톡을 주고받은지는 십 분이 조금 넘었던 즈음인가보다.

"아쁘아~ 아빠, 지금 어디야?"
"어~ 아들. 마트 옆에 있는 개천알지? 거기 건너고 있어"
"얼마나 걸릴 것 같아?"
"음... 한 십 분이면 될거야"
"알았어, 얼른 와"
"오냐~"

그런데, 전화를 안끊는다. 혹시 혼자 있는게 무서워서 전화했나 싶어 아무 말 안하고 조금 기다렸더니 이런다.

"근데 아빠, 나 지금 집에 혼자 있다?"
"어, 맞아! 그래보기로 했다며? 짜식~ 많이 컸네, 진짜! 어때, 괜찮아? 무섭지는 않아?"
"어, 괜찮아. 근데 심심해"
"금방 가니까 적적하면 음악 틀어놓고 있어"
"어~"

자랑하고 싶었나보다. 소리에서 느껴진다. 신통해하며 잰걸음을 옮겼다. 집이 이백 미터 안으로 들어왔으니 조금 전 통화 후 팔구 분 정도가 흘렀을거다. 어헛, 다시 전화가 울림과 동시에 발걸음은 조금 더 빨라진다.

"아빠, 어디쯤이야?"
"허허허, 이제 이 분이면 집에 들어갈거야. 조금만 기다려"
"... 얼른 집에 왔으면 좋겠는데..."
(그새 아파트 정문까지 왔다) "지금 아파트 정문지나고 있어. 곧 들어간다"
"어~"

현관문을 열고 들어서니 나지막이 음악이 흐르고 있고 녀석은 무슨 일있었냐는 듯한 표정으로 나를 맞는다. 마치 아빠가 혹시 무서워서 전화한거냐 물어보면 어떡하지라는 느낌도 전해져왔다. 묻지 않았다. 대견하다며 신통하다며 꼭 안아주고 말았다.

나중에 안 사실이지만, 녀석이 혼자 있기로 한 사연이 있었다. 하교길에 엄마랑 크게 부딪히고난 후유증이었달까? 센 척하며(아니 당시 상황으로는 아니라 하기 어려웠을지도) 혼자 있기로 했지만 이십 분은 예상만큼 짧은 시간이 아니었나 보다. 하긴 TV도 게임도 컴퓨터도 없는 데다 누나도 없는 이십 분이란 녀석에겐 두 시간으로 느껴졌을지 모를 일이다.

국을 데워 저녁을 먹으려니 녀석이 쪼르르 와 옆 자리에 앉는다. 일상적인 얘기로 시작하더니 그날 엄마랑 있었던 상황을 털어놓았고 그에 대한 여러 가지 이야기를 주고받는 사이 저녁식사는 한 시간을 넘겨서야 끝났다. 어쩌면 녀석은 혼자있는 게 무서워서 얼른 오라했던 게 아니라 아빠와 의논을 하고 싶어서였을지도 모르겠다는 생각이 들었다. 녀석은 결국 평소 잠자리에 드는 시간을 훌쩍 넘겨 미사에서 돌아오는 엄마를 기다렸다가 그날 일에 대해서 그리고 자기의 감정에 대해서 먼저 이야기를 건넸다.

아내가 놀러갔다

오랜만에 아내가 외출했다. 몇 달에 한 번씩 종로에서 모이는 오래된 모임이다. 아침식사만 함께 하고 집을 나섰다가 저녁을 먹고 들어올테니 종일 아이들 하고 있어야 한다.

엄마가 약속으로 집을 비우는 날 점심은 언제부턴가 짜파게티다. 점심 찬으로 불고기를 해놓고 신을 신으면서 아내도 그런다. '늬들 또 아빠한테 짜파게티 해달라 그럴거지?!' 할 정도다. 찬장에는 짜파게티 다섯 개들이 한 봉이 있었고, 다름없이 짜파게티를 해먹었다. 엄마는 가공식품을 가능한 안해주려 하기 때문일 뿐인데, 아들 녀석은 입가에 짜장을 잔뜩 묻히고 '엄마가 해주는 것 보다 아빠가 해주는 게 더 맛있어'라며 매번 너스레를 떤다.

날씨를 보니 미세먼지 보통이다. 틀림없이 근처 체육공원을 가잘텐데 싶었는데, 아니나 다를까 그러자며 팔에 매달린다. 이미 몇 주 전부터 체육공원서 자전거를 타고 싶다, 인라인 스케이트를 타고싶다하던 차였다. 어쩌면 주말마다 일정이 있는건지, 몇 주 동안 한 번을 못갔기도 하고 작년에 가르치다만 자전거와 인라인 스케이트를 단단히 자리잡게 해주고도 싶었다. 녀석들이 먼저 자전거, 인라인 스케이트 타러 가자는 게 어딘가! 뙤약볕인데도 말이다!

해가 뉘엿거리는 즈음 나가려했는데 어디 마음대로 되나. 집을 나선 건 오후 두 시를 조금 넘은 때였다. 그나마 햇살 가장 강한 시간은 피한 걸로 위안삼는다. 요즘 녀석들을 보니 분명 서너 시쯤 배고프다며 아우성을 칠텐데, 집에 든든한 먹거리가 마땅찮다. 주전부리 몇 가지 챙겨 나왔다. 아내가 없으니 뒷좌석을 눕혀 딸내미 자전거도 실었다. 날이 뜨거워서인지 길에 차도 많지 않다.

주차를 하고 트렁크를 열자 이 녀석들, 시키지도 않았는데 커다란 인라인 스케이트 가방을 척척 둘러메고 헬멧을 건다. 작년하고 이렇게 다를 수가! 주차장을 빠져나와 스케이트장까지는 오백 미터는 족히 될텐데, 뙤약볕에도 암말않고 재잘거리며 매고 간다. 열기가 훅훅 올라오는 바닥에는 아랑곳하지 않고 헬멧과 3pack 보호대를 찬 채 셋은 인라인 스케이팅을 했다. 그 넓은 스케이트장엔 당연히 우리뿐이다.

발목도 잘 서고 푸시에도 제법 힘이 붙었다. 신기하다. 이제 원심력에만 적응하면 왠만큼 타겠다. 딸내미는 지난 번에 몇 가지 짚어준 것중 중요한 것들을 기억하고 있었다. 복기하면서 타는 걸 보고있자니 묘한 기분에 휩싸이더라. 아들도 마구 달리려고만 하던 데서 조금 벗어났다. 내가 하는 말도 듣는 둥 마는 둥 하더니, 이번에는 들리는가 보다. 겁이 없는 녀석이라 금새 익숙해진다. 두 녀석과 함께 탄천을 내달리는 상상을 하니 뿌듯하다.

두 시간쯤 지났을까? 배가 너무 고프다며 계속 뭔가를 입으로 집어넣는다. 가져온 간식은 동났다. 요새 녀석들은 '끊임없이' 먹는다는 표현이 꼭 들어맞는다. 엄청나다. 일반 가게의 먹거리들 잘 안사주지만 방법이 없다. 아들녀석에게 체크카드를 쥐어주고 체육공원 내 편의점에서 간식꺼리를 사오라 해봤다. 눈을 동그랗게 뜨고 놀라는 듯 하더니 무지 좋아한다. 간식도 좋지만, 혼자가서 돈을 내고 뭔가를 산다는 것 자체가 신나는가보다. 땀 뻘뻘 흘리면서도 내리쬐는 해를 다 받으며 뛰어가는 녀석.

아직도 가고 있겠지 싶었을 때 스마트폰이 징징 운다. 벌써 결제가 끝나 문자메시지가 온거다. 헉... 얼마나 뛴거야, 대체. 돌아올 땐 자전거 타러 갔던 누나랑 함께다. 두 녀석 모두 우리끼리만 해냈어라는 뿌듯함이 표정에 서려있다. 이 녀석들, 제법인데? 하며 정수리를 세게 쓰다듬어줬다. 아이스크림 세 개, 오백 미리 물 한 병, 감자칩 한 봉해서 사천구백 원이란다. 음료수 사려다 아빠가 물 사라해서 그랬단다. 녀석들은 알고 있다. 약속한 걸 안지키면 책임이 따른다는 걸. 그래도 고맙다.

다섯 시쯤이 되자 스케이트장에 사람들이 모인다. 그러고도 한참을 타다 돌아오는 차 안. 딸내미가 뒤에서 두 팔을 쭉 뻗더니 혼잣말하듯 그런다.

"아~ 오늘 진짜 재미있었다!"

더위가 어깨 위로 턱턱 얹어놓은 두터운 피로가 싹 날아간다.
엄마가 놀러간 어느 날, 그리 길지 않았다.

목욕탕

학교 친구들 가족과 휴양림을 다녀온 날, 가까운 곳이어서 집에 들어오니 오후 세 시다. 차를 타면서부터 녀석들은 동네 목욕탕을 가잔다. 시간여유도 좀 있고 다녀오기로 한다. 짐 정리하고 간단히 청소기 한 번 돌린 후 나섰다. 넷이 연이어 손잡고 행인이 없는 인도를 꽉 채워 걸었다. 딸내미는 이렇게 손잡고 걷는 걸 좋아한다. 불편한데, 말은 못하겠더라. 하늘도 맑고 미세먼지도 괜찮고 피곤해도 오늘같은 날은 걸어야 해.

이런... 따뜻한 물에 다리만 담갔는데 넋이 나가는 것 같다. 왜 이렇게 졸리지? 정신을 차릴 수가 없다. 아, 알겠네. 배드민턴, 축구... 휴양림에서 애들하고 너무 뛰었다. 다행히 아들내미는 물안경까지 끼고 미온수탕에서 신나게 노는 듯해, 슬쩍 원적외선 원두막에 드러누웠다. 헉! 얼마나 잔거지? 삼십 분이 지나있고 원두막 바로 옆 탕에 아들녀석이 쪼그리고 앉아 있다.

"에고, 심심해서 그래? 아빠 자고 있어서 안깨운거야?"

말없이 고개만 끄덕인다. 녀석이 뭘 기대하고 목욕탕을 가자고 한 건지 알고 있었는데... 나가기 전까지 한바탕 놀아야한다. 잠들기 전 이미 삼십 분이 지났고 자다가 그만큼을 보냈다. 아내는 목욕을 오래 하는 사람이 아니다. 모녀는 벌써 나와있을 수도 있다.

미온수탕에서 집어 던지고 메다꽂고 슬로모션 놀이를 빡세게 했다. 다행히 미온수탕은 넓었고 이용하는 사람도 없었다. 두어 번 물에 푹 담가줬더니 녀석 표정이 확 밝아진다. 입이 안다물어진다. 하나 빠진 대문니가 이렇게 도드라질 수가! 빠진 이가 인물 다 버려놓는다. 충분하진 않았지만 이 정도면 씻자할 것 같을 때 물었더니 그러잖다. 녀석도 알고 있다. 엄마가 먼저 나와 기다린다는 걸.

녀석은 이제 혼자 씻는다. 거품 타올로 등을 닦으려길래 해주마고 했더니 줄넘기하듯 머리 위로 휙 돌려 지가 쓱싹거린다. 씨익 웃으면서. 볼 때마다 웃긴데 참는다는 거 녀석은 알까? 내 등은 여전히 일부러 녀석에게 맡긴다. 지난 번 목욕탕 얘기에서만도 아들 등을 내가 닦아줬다 했는데, 몇 개월만에 알아서 하게 됐다. 시간은 참 안가는 것 같으면서도 빠르게 간다.

부지런히 녀석들과 시간보내야겠다.
이럴 수 있는 시간, 얼마 남지 않았다.

중년에 접어든 햄스터, 초로

지난 해 여름, 우여곡절 끝에 집에 애완동물을 들였다. 햄스터 초로 얘기다. 길면 이 년도 생존한다는데, 사람 수명 백세에 빗대면 초로는 벌써 사십 대를 지나 오십 세를 바라보는 중년이 된 셈이렸다. 한동안 쇠창살을 있는 대로 갉아대는 이상행동을 보였던 것만 아니면 무탈하게 잘 지내고 있다.

녀석은 사람에 살가운 편이 아니지만, 아내에게만은 다르다. 주 양육자는 딸내미라고 보는 것이 맞는데, 특식으로 환심을 사는 아내를 넘어서기는 어려운 일 아니겠나. 식사를 준비하며 또는 치우며 나오는 채소 자투리들을 꼼꼼히 챙겨 녀석에게 먹이니, 이젠 아내 발소리만 들려도 방에서 나와 먹이통 주변을 어슬렁거리고 케이지 바닥과 아내 얼굴을 번갈아 살핀다.

가끔 먹이통 채우기를 잊는 경우가 있지만, 아이들은 햄스터를 데려오기 전 했던 약속을 여짓껏 잘 지켜내고 있다. 일주일에 한 번씩 케이지 청소를 일 년간 해왔으니 오십 회에 달하는 횟수다. 딸내미가 주도적이다. 우리도 잊고 있을 때 불현듯 '초로 집 청소해야 하는데!', '청소해야는데 목욕모래가 떨어졌어' 라고 외친다. 여전히 투덜거리는 동생을 어르고 달래가며 청소를 시작하고 보다 많은 일을 하며 마무리한다.

얼마 전부터는 매주 놀라고 있다. 마치 아빠 보란듯이 잊지 않고 해낸다. 아이들이 케이지 청소키로 약속하고 햄스터를 키우기로 했다 했을 때, 얼마 지나지 않아 엄마 일이 되고 말거라던 주변의 우려를 불식시킨 나름 사건이다. 아이들을 믿어주는 만큼 알아서 잘 하더라 말할 수 있으면 좋겠지만, 우린 가끔 경고를 하는 정도의 자극은 줬다.

이 정도로 꾸준히 해낼거라 생각치 못했어서 무척 놀랍고 대견하지만, 그만큼 고민도 깊어진다. 꾸준한 책임감을 증명해냈으니, 개나 고양이같은 반려동물 얘기를 꺼냈을 때 어찌 대응할 것인가. 책임감외 내걸었던 조건들은 여전히 유효하지만 말이다. 아마 나보고 빨리 집을 지으라 요구할 수도...?! 우연찮게 시작해 이어오고 있는 초로와의 동행은 아이들의 머리와 마음에 큰 자국을 내고 있을 거다.

모두에게 있을 법한 기억, 실이 주는 공포

평소보다 퇴근이 늦었던 어느 날 지하철

객차 안이 한산하다. 오랜만이다. 책 몇 쪽 못봤는데 다음이 내릴 역이다. 지이이잉~ 어라? 아내다. 이 시간에 전화할 사람이 아닌데, 딸내민가 싶었더니 웬일로 아들이다.

"아쁘아~ 어디야아~?"
"이제 지하철 내리려구. 어쩐 일이야 아들이 전화를 다 하고"
"어~ 그냐앙~ 아빠 보고싶어서~, 그럼 언제쯤 와?"
"고뤠에? ㅎㅎ 고맙네~ 15분이면 들어갈거야. 조금 있다 만나~"
"어~ 끊어~"

십오 분 후 집

들어섰더니 명랑하게 통화했던 아들이 주방 구석에 서서 서럽게 울고 있다. 엄마하고 또 한바탕했나 싶었는데 아니다. 얼마 전부터 흔들리던 아랫니 밑으로 새 이빨이 올라오고 있는 게 눈에 보일 정도가 되서 뽑자했더니 이 상황이 됐단다. 이 뽑는 게 처음은 아니지만, 지난 번 뽑은 아랫니가 한쪽 뿌리가 얇고 날카롭게 남아 잇몸에 상처를 내며 나왔어서 두려운가보다.

폭 안아서 진정시키며 차라리 치과가서 뽑자했는데, 나는 쟤랑 치과는 이제 더 못간다는 아내(충치 치료하러 갔다가 홍역을 치른 후론 이렇다)에 '치과에서 뽑으면 더 아파' 라며 거드는 딸내미 등쌀에 무산됐다. 꽤 시간이 흐른 후 진정되긴 했지만, 녀석은 잠이 들 때까지 내가 한 말을 되뇌였다. 안뽑고 두면 아빠 아랫니처럼 제 자리를 잡지 못하는 이가 될 수 있다고 지나가듯 설명한건데, 그걸 곱씹고 있는 거다.

이튿날 아침

언제나처럼 새벽에 안방으로 넘어와서는 엄마를 누나가 있는 방으로 쫓아내곤 엄마 자리를 차지한 채 자던 녀석이, 평소같음 여태 자고 있어야할 이른 아침에 벌떡 일어나 거실로 탁탁탁탁 뛰어나가는 소리에 잠을 깼다. 정신을 차리고 나가보니 거실 소파에 딸내미와 아내가 앉아있다. 아들을 찾아보니 전날 저녁 주방의 그 위치에서 입밖으로 실을 늘어뜨린 채 난감한 표정으로 섰다. 평소같으면 자고 있어야 할 아내가 이런다.

"쟤가 오더니 이빨 뽑아달라고 깨웠어. 그러마고 나와서 실 맸더니 저러고 있다"

자는 내내 그 생각을 했던건지 눈 뜨자마자 마음 변하기 전에 뽑아달라 했나보다. 하지만 실묶는 그동안에 마음은 바뀌고. 녀석은 '무서워~ 어어엉, 무섭단 말이야' 라며 울음을 터뜨렸다. 가서 안아주곤 그랬다. '그럼, 치과는 아빠도 어른도 무서워. 충분히 마음의 준비되면 그때 해. 괜찮아'

씻고 나왔더니 엄마랑 신경전중이다. 얼른 뽑쟀는데, 아빠 씻고 나오면 하자했다나. 단 몇 분을 벌고 싶었던 심정을 알겠더라. 내가 나왔으니 이유가 없어져버렸다. 아내가 뽑자며 실을 붙잡았는데, 또 닭똥같은 눈물을 떨어뜨리며 입을 벌리지 못한다. 아내가 그럼 아빠보고 해달라그래 하니, 아빠가 하면 너무 세게 할 것 같다며 울먹인다. 머리를 쓰다듬어줬고 괜찮아지면 그때 하라 했다.

겁에 질린 동생을 보고 있자니 자기 이뽑을 때 기억이 나는지, 두 주먹을 입께에 붙이고 으그그하고 있던 딸내미와 여전히 입 밖으로 길게 실을 늘어뜨린 채 체념한 표정으로 창가에 앉아있던 아들내미와 손인사를 하곤 출근길에 올랐다.

오 분 후 버스정류장

카톡이 울린다. 아내다. '결국 **뺐슈**' 란 문장과 함께 날아온 사진에는, 휴지를 물고 탈진한 듯한 표정으로 뽑은 이를 손바닥에 들고 있는 아들녀석과 '키히히히~ 고생했네~'라는 말을 눈과 입가로 하고 있는 듯한 딸내미가 찍혀있다.

녀석, 결국 등교하기 전에 해냈네.

아이들과 아빠만 떠난 유명산자연휴양림

아내에게 그랬다. 내가 애들만 데리고 휴양림 다녀올테니 당신은 잡혀있던 일정대로 하라고. 그 주말이 아니면 8월 중엔 주말에 여유가 없다. 한 주도 빠짐없이 일정이 있기도 했거니와 남은 한 주에 아내는 좋아하는 피아노연주회를 일찌감치 잡아놨었기 때문에 따로 방도가 없었다. 계곡 물놀이를 제시한 때문일까? 매번 '가족 다 같이'를 원하던 딸내미도 흔쾌히 셋만 가잔다.

피크 시즌임을 과시하듯 유명산자연휴양림까지는 두 시간이 꼬박 걸렸다. 오랜만에 중미산막국수로 속을 든든히 채우는데, 주변에 앉은 다른 사람들의 시선이 느껴진다. 문득 돌아보니 엄마가 없는 테이블은 우리가 유일하다. 아마 한부모 가정인가 싶었을까? 재미지다.

입실 시간까지 남은 세 시간은 묻지도 따지지도 않고 물놀이다. 서울 근교에서 유명한 휴양림 계곡인만큼 곳곳을 사람이 덮고 있다 표현해도 무리가 아니다. 비집고 들어간다. 정강이만 담갔는데도 목덜미까지 짜~하니 시원하다.

아이들은 또 컸다. 입실한 제2산림문화휴양관에서 계곡까지는 칠백 미터 정도 된다. 갈 때는 내리막, 올 때는 오르막인데 물놀이 하느라, 숲속음악회 다녀오느라 두 번을 왕복했는데 잘도 걷는다. 가끔 지나는 차량을 보며 딸내미가 볼멘 소리를 하지만, 길도 좁고 일단 입실한 이상 차를 모는 경우는 안만든다는 걸 녀석들도 알고 있다.

205

애들이 한군데서 놀기 시작하면 녀석들 입에서 그만 가자는 말이 나올 때까지 내버려 두는 편인데, 이틀간 내가 먼저 일어서자 해야 했다. 입술이 시퍼래져서 몸을 덜덜 떨고 있는데야 어쩔 수 없다.

입실 전 계곡 아래에서 물놀이, 입실 후 계곡 위에서 물놀이다. 오후 해 떠있는 동안의 대부분을 물에 있었던 것 같다. 수영도 하고 공놀이도 하고 추우면 바위사이를 물고기를 잡는다고 뛰어다니고. 모든 애들이 그렇지만, 생후 6개월 때부터 자연휴양림을 다닌 두 녀석은 물안경과 비치볼 달랑 한 개만으로도 잘 논다. 녀석들의 요구에 못이기는 척 나도 온 몸을 담가보지만 너무 시려서 금새 일어나고 말았다. 도대체 여기서 어떻게 몸을 푹 담근 채 노는 거지?

엄마가 함께 하지 않은 식탁은 티가 난다. 저녁은 아내가 미리 준비해준 불고기뿐이다. 간식으로 먹으라 싸줬던 치킨 너겟이 남아 찬을 대신하는 정도다. 그리고 약간의 김치와 깻잎. 다음날 아침은 도가니탕과 김치뿐. 이게 전부다. 그럼에도 녀석들은 잘 먹고 맛있게 먹었단다.

내가 혼자 발발거리는 게 애처로워 보였나. 설거지는 자기가 할 거라며 딸내미가 일찌감치 도맡고, 제 손으로 씻고 나와 로션 바르고 옷을 갈아입은 후 내 갈아입을 옷까지 챙겨 내밀며 씨익 웃는 아들내미가 대견하다. 과장 좀 보태 집에서 알던 녀석들이 맞나 싶다. 정말 이제는 손이 안간다. 대부분 알아서 한다.

진한 물놀이로 지친 녀석들이라 일찌감치 곯아떨어질거라 생각했던 건 오산이었다. 덕분에 특별한 행사를 아이들과 함께 할 수 있었는데, 휴양림에서 준비한 청춘마이크라는 제목의 숲속음악회가 그것이다. 식사를 마치고 다시 1km 를 걸어내려가 공연장인 숲속교실에 갔더니 한참 리허설 중이다. 공연 시작까지 이십 분을 가만히 있지 못하고 그새 모험놀이시설을 타고 있는 녀석들. 정말 모든 걸 불태워 움직이고 놀아제끼는구나.

세 개팀이 삼십 분씩 총 두 시간에 걸쳐 진행된 숲속음악회. 공연이 진행되는 동안 주변은 암흑으로 싸여 전문 공연장처럼 변하고, 머리 위론 바람에 나뭇잎들이 비벼지며 으스스거리고 청설모가 날아다닌다. 어느새 객석으로 돌아와 앉은 녀석들은 부채를 연실 부쳐대면서도 함께 박수치고 웃고 환호하며 보냈다. 졸음이 쏟아질텐데 아이들은 다시 1km를 걸어올라오면서도 흥에 겨웠고, 숙소에 돌아와서 다시 한번 샤워하는 것도 오케이였고, 이부자리에 누워서도 포도를 연신 따먹으며 이야기꽃을 한참 피우고 나서야 잠들었다.

처음으로 아빠와 아이들만 휴양림을 찾은 날이었음을 알았던걸까? 마치 기념하라는 듯 잊기 힘든 경험을 건네주던 자연휴양림. 이럴진대 어찌 자연휴양림에 미치지 않을 수 있으랴!

5박6일간의 반려견 이야기

골드 리트리버(이름은 '보리' 다)를 데리고 있는 지인이 3박4일간 제주도를 가면서 우리집에 맡기고 갔다. 애들 친구네라 자주 오가며 아이들과도 낯이 익은 녀석이다. 주인 입장에서는 어렵사리 꺼낸 얘기를 원체 개를 좋아하는 아내가 덥석 문거다. 제주에 태풍이 들이닥쳐 항공편이 몽땅 결항되면서 3박4일은 5박6일이 됐다.

큰 집에 살던 녀석을 우리 집에 데려오니 애가 하나 더 있는 것 같다. 집이 좁게 느껴지고 녀석은 더욱 커 보인다. 예전에 데리고 있던 말티즈는 따로 밖에서 산책을 시켰던 기억이 별로 없는데, 이 녀석은 커서 산책도 따로 그것도 정기적으로 시켜야 한단다. 아내는 하루 세 번씩 데리고 나갔다. 응가를 산책나갔을 때만 보는 걸로 습관이 들어 안데려 갈 수도 없다. 나도 한 번 나갔는데, 힘이 보통이 아니다. 내달리기라도 하면 이건 산책이 아니라 트레이닝이다. 개가 아니라 내 트레이닝.

나와는 한 번 크게 싸우기도 했지만 대체로 괜찮은 엿새를 보냈다. 여기저기 다니면서 동그랗게 몸을 만 채 엎드려있는 녀석은 편안해보였다. 앞다리를 닻 모양으로 펼쳐 누워있는 모습은 기억에서 오래 갈 듯 하다. 쓰다듬다 손을 거두면 앞발이나 콧등으로 팔을 툭툭 건드리며 얼른 다시 쓰다듬으라던 모습도 그렇다. 보리가 돌아가고 넷이 식탁에 모였다. 딸과 아내가 들으라는 듯 한 마디씩 한다.

"아~ 마치 보리가 방 안에서 나올 것 같아"

"그치이~ 엄마도 그래. 얘들아, 우리도 반려견 키웠으면 좋겠지 않니?"
(식탁을 양손으로 내리치며 이구동성으로) "어!"

그때 갑자기 아들이 아는 체를 하며 끼어드는데,

"그거 있쟈나, 그거. 곧 죽을 것같은 아이들 데려다가..."
"엉?!! 곧 죽을 지...?"
"아니, 어... 그거 있쟈나, 데려온 애들 찾아가는 사람없으면 죽이기도 하고 그런..."
"아~ 유기견! 보호소에 있는 아이 데려오자고?"
(내 말이 그 말이라는 표정으로) "어, 어"

아직 쓸 수 있는 단어가 부족한 녀석이 왕왕 보여주는 장면에 한바탕 웃고는 나는 침묵했다. 얼마 후, 두 주만에 햄스터 집을 청소하는 애들 옆에 앉아, 간만에 케이지에서 풀려난 녀석을 이리 어르고 저리 놀리며 괜한 살가움을 표하는 걸로 아쉬움을 대신 했다. 든 사람은 몰라도 난 사람은 안다는 옛말은 사람에만 국한된게 아니다. 반려동물을 들이는게 여전히 어렵고 신중하게 되는 이유다.

킁킁킁

헉... 아들이 그 소리를 내면서 팔을 내밀고 다가오고 있다. 오랜만이긴 한데... 오른 팔에 달라붙더니 예의 코를 박고는 킁킁거린다. 그러더니 마치 하모니카를 불 듯 위 아래로 킁킁거리며 왔다가는 게 아닌가. 그럴 때 어찌해야 할 지 난감하다. 내버려두기도 그렇고, 하지 말라기도 그렇고.

"킁킁킁킁~"
"더허헛~ 야 인마, 또 무슨 냄새를 맡아?"
"좋은 냄새가 나니까 맡지"
"냄새가 맨날 좋지는 않을 거잖아"
"아닌데? 좋은데?"
"그렇게 냄새 맡아보면 엄마 냄새가 더 좋지 않아?"
"냄새가 둘이 달라"
"허허허, 고뤠?"

둘째는 체취 맡기와 맨살만지기를 좋아한다. 언제 발동하는 건지는 모르겠지만, 잊을만~하면 한 번씩 옆구리나 배에 달라 붙어서 냄새를 맡거나 맨살에 부빈다. 아무래도 아내에게 그렇고 다음은 나인 듯 하다. 다행히(?) 밖에서도 그러는 것 같지는 않다.

녀석이 그럴 때면 특유의 표정과 소리와 제스처가 있다. 거절하지 못하게 하려는 듯 묘한 고리눈을 뜨고, 오우흐우으웅~ 거리며 들릴 듯 말 듯한 콧소리를 곁들이고 두 팔을 앞으로 주욱 뻗어 폭좁은 팔자걸음으로 다가온다. 그 모습을 보고있자면, 옛적 강시나 좀비가 떠오를 수밖에 없다.

맨살을 만질 때도 어김없이 냄새부터 맡는다. 코를 푹 박고 흠흠거린다. 그러다 손바닥으로 살포시 문질문질. 정전기를 일으키려 할 때 그러듯 닿을 듯 말 듯 한 거리를 두고 말이다.

돌이켜보니 대체로 씻고 나왔을 때 그런다. 아내는 기겁을 한다. 변태냐며 대놓고 뭐라 하면서 팔을 쭉 뻗어 아들내미 머리를 잡고 밀어내면, 이 녀석은 팔을 휘저으며 펄쩍 뛴다. 둘이 그러고 있는 장면을 보고 있으면, 잠시 변태같다 느껴지기도... 아마 아내의 과도한 반응이 학습되면서, 녀석이 내 냄새를 맡을 때 이상하게 느끼는지도 모르겠다.

녀석이 냄새맡을 때를 떠올려보면 공히 당시 녀석의 기분이 꽤 좋았다. 좋은 기분 망칠 필요는 없잖은가. 어차피 세월이 조금만 더 지나고 나면, 자기가 창피하거나 불쾌해서 하지 않게 될 것을.

재우려 아들과 딸 사이에 누웠다. 사이가 비좁아 팔을 올려 머리 위로 놨다. 오른쪽에 누워있던 아들내미가 모로 눕더니 코를 내 겨드랑이에 박고는 킁킁거린다. 묘한 소리를 내더니 입이 귀에 걸린 채 잠들었다. 다행이다. 잠자리 들기 전에 샤워한 날이다.

난 당신의, 난 당신의~

이번 주, 다음 주 일정이 참 대단하다. 아이들 입장에서 그렇다. 화수목 연일 녀석들이 잠자리에 들고 나서야 아빠는 귀가했고, 다음 주는 월화수목이 그렇기 때문이다. 며칠 전에는 아내도 깊이 잠든 새벽 한 시가 넘어서야 들어올 수 있었으니 얼굴 못보는 건 아내도 마찬가지다. 애들 등교가 마무리됐을 무렵 카톡을 보내 어제 사정을 얘기하던 중에 아내가 이런다.

"애들이 아빠 못본다고 원성이 크네요"
"딸내미는 그나마 아침에라도 보니까 덜한데, 둘째가 더 난리 @.@"
"크흑~ T^T"
"그래서 아빠 일찍 안들어오는게 뭐가 그렇게 불만이냐 물었더니, 아들놈 왈 '아빠 우리집에서 분위기 담당이란 말야'"
"엥? 분위기 담당?"
"그게 무슨 소리냐니까, 저녁 시간에 분위기 재밌게 해주고 잘 때 잘 재워준다고"
"음...?! 십 년을 같이 산 울 마눌님, 이 대목에 동의?"
(갑자기 오 분간 톡이 없다가) "나 출근~"

그랬다. 나는 아들에게 그런 의미였던거다. 흐뭇하고 다행이다 싶고 고맙기도 하고 뿌듯도 하고... 이런 감정 뭉쳐 표현하는 결정적 한 단어 없을까. 환타스틱? 뿅간다? 갑자기 흥얼거리게 되는 이 노래, 뭐야아~

난 그대의 연예인

난 그대의 연예인
난 그대의 연예이이이인~
난 당신의, 난 당신의 댄.스.가.수.

때로는 영화배우 같아
때로는 코미디언 같아
때로는 탤런트 같아
때로는 가수같아
너의 기분에 따라 난, 나안~
난 당신의 분.위.기.메.이.커.

수능날이라 두근두근, 대학병원가는 날이라 두근두근

분명하게 진단하려면 검사를 해야 한단다. 혈액검사와 초음파 검사를 하고 오란다. 휴~ 오전 중에 끝나려나, 오전 반차 내고 온 건데... 더구나 혈액검사와 초음파 검사다. 대형 병원 간 날은 아이들에겐 엄청난 공포이고 부모들에겐 시험에 드는 시간이다.

지난 번에도 잘했잖느냐며 아무 것도 아니라는 듯 건넸지만, 채혈이 뭐냐는 물음에 피 뽑는거라 했더니 울상을 짓는다. 아마 엄마와 왔으면 한바탕 난리를 쳤을 게 분명하다. 괜히 자동수납기기와 대기표 발권기에 직접 접수증 바코드를 대고 해보라며 주의를 돌리고, 대기하면서도 지난 번 용감무쌍했던 때를 떠올리도록 했다. 바늘이 들어가기 전부터 '아퍼' 라며 눈물을 주룩 흘리던 녀석은 이번에도 잘 견뎌냈다. 초음파 검사도 사전에 자세히 설명했다.

(손목을 녀석 목에 대고 쓰으쓰으 문지르며) "막대기 같은 거에 젤 발라서 이렇게 쓰다듬으면서 몸 속을 들여다보는 거야"
"안 아파?"
"자세히 보려고 이렇게 꾹 눌러야 해서 좀 불편할 수는 있어도 아프지는 않아. 아빠도 매년 받는 검사야"

내가 경험한 것들을 전해야 할 때는 있는 그대로 미주알고주알 묘사하는 편이다. 최대한 아이들 수준에 맞춘 단어나 문장으로 말하려 노력한다. 다른 건 몰라도 아빠가 말한 게 사실이 아닌 적은 없다는 신뢰가 생긴다고 믿기 때문이다.

검사를 끝내고 다음 진료시간까지 남은 한 시간동안 용감했던 녀석에게 부상으로 과일주스를 안겼더니 단숨에 빨아먹곤 하는 말.

"아빠도 커피 한 잔해"

다행히 정상 소견이라며 지금과 아주 다른 양상을 보일 때나 내원하란다. 녀석에게 말은 못했지만, 가슴을 쓸어내렸다. 학교로 데려다 주던 길에 물었다.

"아들, 너도 혹시 (검사 결과 어떻게 나왔을지) 조마조마 했어?"
"어"
"그랬구나, 아빠도 그랬는데. 잘 됐다, 그치? 학교가서 또 열심히 뛰어놀아!"
"응!"

주차를 하고 학교로 함께 올라가는 언덕길에서 녀석이 갑자기 부른다. 내려다 보니 이 녀석, 얼굴을 쳐들고 입술을 내밀고 있는 게 아닌가?! 녀석이 뽀뽀하자며 입술을 내민 게 언제인지 기억나지 않는다. 녀석, 오늘 무지 기분좋았나보다. 마침 운동장에 나와있는 친구가 있길래 얼른 훔치는데, 찰나였는데도 어찌나 달콤하던지! 운동장에서 폭 안아준 뒤 들여보냈다. 마침 점심시간이 시작되려는 즈음이다.

녀석이 뛰어들어가고 얼마 후, 반 친구들이 반기는 왁자한 소리가 학교 밖에서 걷고 있는 내게까지 들린다. 다 컸는 줄 알았는데 아직 애다, 여태 꼬마인줄 알았는데 그새 또 많이 자랐다. 늦은 출근길, 출근길 발걸음이 이렇게 가벼웠던 때가 언제였더라?

서른 여덟 번째 빙봉

아이들과 함께 본 영화중에 오래도록 회자되거나 극중 장면을 따라하는 것들이 있는데, 빅히어로와 인사이드 아웃이 대표적이다. 인사이드 아웃에서는, 마음에 드는 소녀를 마주했을 때 소년의 머릿속에서 '소녀~소녀~' 라는 경고음이 울리는 장면과 라일리의 상상속 친구 빙봉되겠다.

빙봉은 몸 전체가 솜사탕이고 코끼리 얼굴을 가졌으며 울면 사탕이 눈물처럼 쏟아지는, 주인공 라일리의 상상속 친구다. 아이가 혼자 열심히 놀고 있는 장면을 보다보면 마치 '내 눈에는 안보이는 친구들과 함께 놀고 있는 것 같다' 느끼는 때가 있는데, 그걸 빙봉으로 표현한거다. 지금 생각해도 기가 막히다.

이미 오래 전부터 책보는데 취미를 붙인 누나는 여럿이 놀 때 집중하다가도 어느새 책을 붙잡고 앉아 읽지만, 동생은 안그렇다. 아주 가끔 책볼 때가 있긴해도 대체로는 혼자 몸놀이를 하든 장난감을 가지고 놀든 뭐라뭐라 혼잣말을 해대며 논다. 그것도 아주 오랫동안. 그런 녀석을 두고, 아내와 나는 종종 쟤는 분명 빙봉이 여러 명일거라 중얼거리곤 한다.

어느날. 딸내미는 예의 거실에서 책을 읽고 있고 아내는 안방에서 외출준비중이다. 아들내미는 누나가 책을 집자마자 안방으로 쏙 들어가더니 한참 전부터 별의별 효과음을 내가며 엎어지고 일어나며 소란스럽다. 그런 아들에게 농을 걸어봤다. 아들, 지금은 몇번째 빙봉이야?

"어? 음... 서른 여덟번째!"

큰 맘먹은 크리스마스 선물과 가족회의

크리스마스 이브

할아버지 제사와 성탄전야가 겹쳤다. 한 달 전부터 부모님의 의중을 떠봤지만, 조정의 여지는 없었다. 단호했달까? 그도 그럴 것이 절호의 찬스가 아닌가. 공식적으로(?) 손주들과 크리스마스 이브를 보낼 수 있으니 말이다. 올 때부터 여차하면 하루 자고 갈 채비를 갖춰 왔던 터였다. 할아버지댁만 오면 마음껏 TV를 볼 수 있는데, 둘째가 가만히 있을 리 없다.

"아빠~ 오늘 우리 집에 갈꺼야?"
"어, 당연하지. 가야지"
(가만히 듣던 아버지께서 끼어든다) "음, 오늘 가게? 내일 휴일인데 자고 가지 그래?"
"네가 할아버지께 여쭤봐. 근데 왜 자고 가려는건데?"
"어... 산타할아버지가 집 아닌데서 자도 잘 찾아오는지 알아보려고"
"뭐?! ㅎㅎㅎ 그러다 우리 집에 선물 두고 가시면 어쩌려고?"
"그럼, 내일 아침 얼른 집에 가야지!"

크리스마스, 이른 아침

거실에서 조곤거리는 소리에 깼다. 딸내미가 늘 일어나는 시간, 새벽 여섯 시

반쯤인가 보다. 머리맡에 놓인 상자를 들고 거실로 나가 한창 풀어보고 있는 중이다. 늦잠자는 동생도 빼놓지 않고 깨워 데려갔다. 오왓 게임기다 라는 탄성과 이렇게 무거울 줄 몰랐네, 상자가 클 줄 몰랐네, 설마하니 이걸 진짜 줄지 몰랐네 시끌벅적하더니 둘째 녀석이 깨금발로 다시 방으로 들어온다.

넓지도 않은 방안을 여기 저기 돌아다니며 뭔가를 애타게 찾는 녀석. 없어, 왜 없지, 누나 선물은 있는데 내 선물은 없어 소곤거리는데 안되겠다 싶었는지 아내가 일어나는 척을 한다. 흥분한 녀석의 입에서 터지는 방언에 한껏 호응해주더니 게임기 정도면 누나 한 사람에게 준 게 아니라고, 둘에게 준거라 말해주고 나자 녀석은 안도하더니 거실로 뛰어나갔다.

크리스마스, 저녁상

엄마가 큰 인심 쓴 덕에 딸과 아들은 여남은 시간동안 게임기를 붙잡고 있었다. 아내와 나는 중간중간 끼어들어 맛만 찔끔 본 정도. 실컷 했던 때문인지 저녁상으로 부르는 소리에 녀석들은 깔끔하게 정리한 후 모였다. 가족회의를 할 시간이다. 게임기가 들어왔으니, 사용규칙을 의논해야 한다.

먼저 아이들의 생각은, 기존에 주말동안 하루 한 시간씩 볼 수 있던 TV시청 시간에 금요일 하루만 추가해주면 그 한 시간은 TV를 보든 게임을 하든 선택하겠다는 것. 일주일에 두 시간에서 세 시간으로 늘려달라는 것, 오케이. 흔쾌히 받고 우리 조건을 내놨다. 게임기는 안방에서 가져나오지 않고, 특별한 경우가 아니면 집밖으로 가져나가지 않는다. 규칙을 어길 경우, 게임기 사용은 일정 기간동안 금지되고 사용규칙은 처음부터 다시 의논한다. 녀석들도 즉각 수용하며 신속한 타결.

회의를 마치고 저녁을 먹으며 녀석들에게 그랬다. 게임하는거 나쁜거 아니라고. 조절해서 할 줄만 알면 재밌고 좋은 것이기도 하다고. 너희들이 이제까지 TV 보는 습관 들이고 잘 조절해온 것처럼만 하면 게임도 그럴 수 있다고. 적절히 쓰고 멈출 수 있으면, 하나씩 다른 게임들도 해볼 수 있는 거라고. 녀석들의 눈빛이 반짝인다. '오호라, 다른 게임도 살 수 있는 여지가 있다는거지'

흡족한 표정으로 잠든 녀석들을 뒤로 하고 안방으로 들어섰는데, TV옆에 단정하게 자리잡은 게임기 위로 공들여 올려 세웠음직한 게임타이틀 케이스가 눈길을 끈다. 애지중지 다루던 둘째 녀석의 손길이 분명하다.

딸기귀신 2

둘째는 딸기귀신이다. 입에 욱여넣고 으적이면서 양 손에 하나씩 쥔 것도 모자라 다른 사람이 몇 개나 먹나 세는지 딸기가 담긴 그릇을 뚫어져라 감시한다. 하도 게눈 감추듯 먹어치우는 통에 아내는 딸과 아들 것을 아예 처음부터 공평하게 나누어 내놓고 있는 지경이다.

아이들과 도서관을 다녀오는 길에 수퍼에 들렀다. 안가겠다던 아들내미가 따라나선 이유는 오는 길에 딸기를 사자했기 때문이다. 마침 딸기 두 팩에 만원 행사중이다. 나와 누나는 빌린 책때문에 손이 없으니 네가 들라했더니, 찬바람이 쌩쌩부는데도 가슴에 안고 기쁜 표정으로 집까지 걷는다. 저녁식사 후 딸기를 씻어 여느 때처럼 공평히 나누고 있는 엄마의 손에 초집중하던 녀석.

"엄마, 두 팩 다 씻었어?"
"아니, 하나만 했는데. 내일 또 먹어야지. 왜? 적어서?"
"아니... (혼잣말하듯) 사십 팔개 들어있었거든"

아놔... 들고 오는 사이 딸기를 셌던거다. 여덟 알씩 삼 층으로 쌓여 두 팩이었으니 마흔 여덟 알이 맞다. 정해진 양을 받고도 누가 뺏어먹을 새라 와구와구 집어넣는 녀석을 보고 있자니 내 몫을 안줄 수가 있나. 각자 것 먹으라며 내주는 아내의 서슬을 피해 한 알 두 알 찍어줄 밖에. 이미 제 것은 몽땅 쓸어넣은 녀석에게 한 알 찍어주곤 눈짓으로 엄마 입에 넣어주라 해서 입막음하고, 먹는 속도가 느리지만 역시나 딸기 좋아하는 딸내미도 안줄 수 없는 일이다. 그런들 어떠하리, 이게 바로 안먹어도 배부른 광경인 것을.

열한 살, 아홉 살

개학날 아침, 대성통곡

개학 일주일 쯤 전

"너희 숙제는 다 했니?"

자랑스럽게 고개를 끄덕이며 예전에 다 했다는 딸내미

"둘째는?"
"어? 아직..." (고개를 번쩍 들더니 이내 놀이 모드로 돌아간다)
"뭐여~ 방학 며칠이나 남았다고 여태 그러고 있대? 안하려고?"
"아니, 해야지... 근데, 안해도 돼"
"방학때 못하면 학기중에 학교 다니면서도 해야 하잖아, 해두는 게 낫지 않아?"
"..."

개학 전날 저녁

퇴근하고 집에 들어갔더니 식탁에서 둘째가 숙제를 하고 있다. 딸내미는 너무나 여유로운 포즈로 소파에 누워 독서삼매경이다. 방학숙제 안해도 괜찮다던 녀석이 며칠 전부터 붙잡더니 씨름하는데, 분량이 만만치 않다. 책 주위로 지우개똥 쌓인 걸 보니 제법 오래도록 붙잡고 있었나 보다.

내가 저녁을 다 먹고도 한참, 아홉 시 반을 넘겼다. 아직 가려움이 남아있는 둘째는 깊은 잠을 자지 못해 아침에 일찍 일어나는 게 힘들다. 학교를 다니는 중에는 늦게 자는 만큼 아침나절 엄마와의 전쟁은 거세질 수 밖에 없다. 이유야 당연히 못일어나니까 채근하고, 그러다 보면 짜증이 폭발하기 때문.

양치질 하고 그만 자라는 엄마 말에, 남은 분량을 잡아 보이더니 이 녀석 숙제를 다 하고 자야 한단다. 몇 번을 말해도 버티더니 결국 아내는 폭발했고, 녀석은 이해하기 어려울 만큼 집착을 보이면서 잠자리에 들었다. 녀석이 눕는 걸 보고 나오려는데, 이 녀석 운다. 마치 너무 억울하다는 듯이 눈물이 뚝뚝 흐른다. '뭐야, 얘... 그럴 거였으면 미리미리 하던가' 라는 말을 꾹 누르며 방에서 나오라고 했다. 마침 아내는 씻으러 욕실에 들어간 때. 식탁불을 켜주며

"정 마음이 그러면 숙제 더 하다 자. 하지만 엄마와 아빠는 들어가서 자야하니 혼자 여기서 숙제해야 해. 그리고 이건 약속해야 돼. 숙제하다 늦게 자는 건 괜찮은데, 만일 내일 아침에 못일어나서 엄마에게 짜증내면... 저녁에 아빠에게 크게 혼날 줄 알아. 약속할 수 있어?"

녀석은 미심쩍은 눈빛으로 고개를 끄덕였고, 머리를 쓰다듬어준 다음 안방으로 들어갔다. 그런데, 어랍쇼? 녀석이 이내 들어오더니 자겠다는데 다시 눈물이 글썽인다. 옆으로 앉혀서 물었다.

"숙제한다더니 왜?"
"나, 거실에 혼자는 못있어... 그리구... 내일 못일어나서 엄마한테 짜증낼 것 같아서... 그냥 자려구..."
"그랬구나... 둘째야, 아빠가 생각하기에도 네가 밤새도록 숙제하면 다 할 수 있을 것 같아. 방학숙제를 다 하고 학교 가고 싶은 네 마음도 알겠어"

(고개를 숙인 채지만 작게 끄덕인다) "…"
"하지만 늦게 자는만큼 아침에 일어나는건 더 어렵겠지. 네겐 어떤 게 더 중요하니? 방학숙제를 다 했지만 엄마와 싸우고 학교에서 놀 때는 너무 힘든 것과 개학 첫날, 상쾌하게 일어나서 오랜만에 만난 친구들과 신나게 노는 것"
"…친구들하고 신나게 놀아야지…"
"하지만 이번 방학 때 미리미리 방학숙제를 해두지 않아서 이렇게 분하고 슬펐던 거 잘 기억해두자. 방학은 또 돌아올테고, 올해는 첫영성체 준비하느라 성경필사도 해야 하니까 비슷한 상황을 여러 번 만나게 될 거잖아. 지금을 기억했다가 다음부터는 그러지 않도록 해보자"
(여전히 분은 가시지 않은 채) "어…"

개학 날 저녁

회식으로 아이들이 잠든 후에야 집에 도착했다. 누웠더니 아내가 그런다.

"둘째가 당신하고 약속을 해서 그런건지 아침에 빨딱 일어나대? 짜증도 안내고"
"허허허, 고뤠에~?"
"근데, 결국 등교하기 전에 폭발했어"
"엉? 폭발?"
"가방에 넣어뒀던 방학숙제 책 보더니 아주 대성통곡을 하더라고 글쎄"
"대성통… 하…하하… 아유~ 참, 녀석, 도대체 왜 그런다니?"
"그러니 미리미리 하지 왜 이제와서 그러느냐, 뚝 그치라고 또 한바탕 했네. 난 어릴 적에 안그랬어, 당신이지?"
"그… 그랬던가 …"

쿵짝

여느 평일과 같이 여섯 시 알람이 울린다. 아내가 없다. 어젯밤에도 건넌방에서 아들내미가 제 엄마를 부르는 큰 소리가 들리더니 넘어갔다가 잠들었나보다. 터치 한 번으로 알람을 십 분 늦췄다. 어제 저녁 속이 안좋아 일찍 누웠는데 새벽에도 여전해 일어나기 싫다. 그렇게 다섯 번을 더 터치하고서야 잠자리를 털었다. 평소보다 한 시간이 늦었지만, 오늘은 외부 컨퍼런스를 가는 날이다. 시간은 충분하다.

이런 날은 가족과 아침식사를 할 수 있다. 일년에 몇 번 안되는 자리다. 딸내미는 이미 앉아 반쯤 마쳤고 아들내미는 방에서 뭉그적거리고 있나보다. 아내와 옥신각신중이다. 희한하다. 딸은 아침에 일찍 일어나는데, 아들은 한껏 뭉갠다. 아니, 아토피가 없다면 녀석도 밤새 푹 자고 누나만큼 일찍 일어날는지 모를 일이다.

녀석 방에 갔더니 이불을 둘둘 만 채 상체는 이부자리를 벗어나있다. 분명 깨있는데 일어나지 않고 있을 뿐이다. 옆에서 우쭈쭈했더니 더 자는 척 한다. 식탁으로 돌아오는 것과 동시에 아내의 일갈이 또 나갔다. 그러자 녀석의 머리가 바닥에 붙은 채 방문 밖으로 쑥 나오더니 걸쳐 멈춘다. 눈은 감은 채다. 장난끼가 발동했다.

"어이구~ 나왔네, 머리가 나왔어"
(딸내미가 돌아보더니 심드렁하게 추임새를 넣는다) "그러네, 나왔네"
"머리가 보인다~ 힘 줘~ 힘~"

다시 쑥하더니만 상체가 방문 밖으로 나온다. 자슥, 나랑 놀자는거지?

"다 나왔네, 이제. 근데 얼굴이랑 몸으로 먼지 다 닦고 있다. 쟤"
(딸내미가 맞장구친다) "에이, 그렇겠네. 더러워"

한소리 듣겠다 싶었는데 아니나 다를까, 당신이 먼저 시작했잖느냐며 아내가 나무란다. 바쁜 아침에 동동거리는데, 천하태평으로 장난질이나 하고 있으니 그럴 만도 하지. 아들에게 이어지는 일갈. 그제서야 녀석은 일어났다. 옆에 앉은 녀석의 머리를 보니 먼지가 드렁드렁하다.

국내산이 어디야?

평일 저녁, 집 근처 마트의 식당가에서 아내와 아이들을 만났다. 나와있던 김에 퇴근하는 나를 만나 함께 저녁을 먹을 요량이었다. 오랜만에 맛보는 쌀국수라, 녀석들은 면기에 코를 박고 떼질 않는다. 장보는 사람들도 별로 없고, 식당가는 우리뿐이다. 이제는 애들이 쌀국수 한 그릇을 국물까지 먹어치운다. 딸내미는 국물만 약간 남기는 정도고 막내는 국물까지 몽땅 비운다. 그 때마다 상상된다. 이 녀석들이 십 대 중후반이 되면 대체 얼마나 먹을까. 그릇을 거의 비워갈 때쯤, 둘째 녀석이 혼잣말인지 질문인지 모를 말을 꺼냈다.

"국내산이 어디야?"
(막내 건너편에 있던 아내, 마법천자문 생각나느냐는 듯) "음, 우리나라에서 나는 것들이라는 뜻이야. 나라 국, 안 내, 날 산, 국내산"
"...?"

무슨 소리냐는 듯한 표정을 짓고 있는 녀석. 그 때, 혹시 이거라고 생각한건가 싶은 게 있었으니,

"아들, 혹시 국내산이 어디 있는 산이냐는 질문이었어?"
(당연하다는 듯) "어!"

아내와 한바탕 터졌다. 하긴, 자연휴양림이라며 다닌 곳이 몽땅 "OO산 자연휴양림"이었으니 그럴만도 하겠지 싶다. 웃고 있던 찰나에도, 이제 초3 되는데 이게 괜찮은건가, 누나에 비하면 책을 안읽는 수준인데 그래서 이런가라는 생

각이 지나가는 바람에 세차게 머리를 흔들어 내보냈다.

"국내산이라는 단어를 어디서 보고 물은 거니?"
(손가락을 쭉 뻗어 가리키면서) "저기 기둥에 떡갈비 있쟈나, 그 옆에 써있어"

녀석이 알려준 기둥에는 원산지 표시판이 붙어있었다.

떡갈비(국내산)

너무 늦게는 오면 안돼에

봉사활동이 끝나는 시간에 맞춰, 나는 차로 아내와 아이들은 대중교통으로 이동해 본가에서 만나기로 했다.

16:42 카톡

"둘째가 안가고 혼자 집에 있겠대요. 귀찮은지 뚜렷한 이유도 없어요"
"저녁도 굶고 그냥 있겠대요. 자고 오지만 말래. 그냥 둬볼까 하는데"
"에이..."
"저번에도 한 번 그랬어. 이번엔 그냥두려고"

아들에게 전화했다. 아들 전용 전화는 집 인터넷 전화기다. 할아버지 할머니 서운하시기도 할 거고, 저녁도 혼자 먹어야 되고, 무서울 수도 있을텐데 같이 가자 회유해봤지만 소용이 없다. 그냥 오늘은 가기 싫다나? 연거푸 괜찮겠냐 묻고 대답을 듣고서야 그래보라 했다. 연초에도 다녀오긴 했으니까.

17:28

봉사활동 끝내고 본가에 거의 다 이를 무렵 문자메시지가 왔다. 집 인터넷 전화번호인걸 보니 아들 녀석이다. '아빠 어디야' 혹시나 데리러 오랄까봐 바로 전화했다. 녀석, 이런다.

"아빠야"

"어, 아빠 왜 전화했어?"
"아, 그냥 너 잘 있나 싶어서 목소리들으려구. 혼자 있을만 한거야?"
"어, 아직 괜찮아"
"지금이라도 말해, 데리러 갈테니까"
"아냐"
"이제 할아버지댁 도착하면 데리러 못간다고 했다? 최소한 서너 시간은 혼자 있어야 돼"
"응, 알아..."
"알았어, 끊어"
"어, 아빠아~ 근데에, 너무 늦게는 오면 안돼에~?"
"알았어, 인마"

17:41

본가에 도착하자마자 왜 혼자왔느냐는 물음에, 사정을 설명하고 둘째는 외가 형들이랑 노느라 오지 않겠다고 해 아내와 손녀만 오고 있는 중이라 미리 말씀드렸다. 막 외투를 벗어놓는데 전화가 울린다. 집이다. 아들내미다. 느낌이 쎄해서 아직 도착하지 않은 척하면서 전화를 받았다.

"어, 아들. 왜?"
(소리가 가늘게 떨리고 물기도 배어있다) "아빠~ 혼자 있는데에, 갑자기 확 무서워져서어~ 옷 입고 준비하고 있을 테니까 나 할아버지 댁에 데려다주면 안돼?"
"음... 그렇구나, 지금 가도 삼십 분은 걸릴거야. 그동안 괜찮겠어?"
"어, 괜찮을거야"
"알았어, 집 근처가서 전화할께"

17:45

출발했다. 조금 서두르는데도 차가 제법 많다. 무섭기 시작하면 갈수록 더하지 않았던가? 어릴 적 기억을 더듬으며 막히지 않는 길로 돌아돌아 밟았다. 이런 때 정공법으로 가면 걸리는 시간은 같을지라도 속은 더 타들어가는 것 같으니까.

18:15

도착 직전 전화해서 나와있으라 했다. 집 앞 공동현관문에 차를 세우자 뛰어나오는 녀석. 표정을 보니 아빠가 그것 보라며 뭐라 할 것 같았는지 생글거리면서도 눈치보는 게 느껴진다. 뒷좌석으로 뛰어들어온 녀석을 우선 꼭 안아줬다. 자식, 얼마나 급했으면 외투도 안걸친 채 뛰어나왔다.

"너... 외투는?"
"아, 맞...다"
"엄마가 한 소리할텐데?"
"올라가서 입고 올까?"
"에이. 됐다. 차 안이랑 집 안에만 있을건데 뭐"

녀석은 라디오도 틀어놓고, 거실과 온 방의 불을 다 켜놓고 있었단다. 그걸 모두 끄고 나오느라 외투 챙기는걸 잊었다며 조곤거린다. 불을 다 켜놨어도 갑자기 윗층에서 소리가 나기 시작하자 무서워졌단다. 이상한 소리였고 간헐적으로 계속되자 전화하게 됐단다. 윗집 사람들이 내는 생활 소음이었을텐데, 두려움이 깃든 녀석에겐 이상한 소리였을거다. 무서웠겠다, 과연 그랬겠다며 맞장구쳐준 뒤 녀석에게 그랬다.

"아들, 할아버지 할머니께는 너 외가 사촌형들하고 놀거라며 안왔다고 해뒀어. 혹시 물어보시거든 그렇게 말씀드리면 돼"
"왜 그랬어?"
"응? 손자가 할아버지 댁 가는게 싫어서 집에 혼자 있겠다더라 그대로 전하면 섭섭해하시잖겠어?"
"그렇겠네"

그날, 할아버지댁 저녁상에 앉은 녀석은 외가에서 사촌형들과 놀다가 갑자기 할아버지 할머니가 보고 싶어서 데려다 달라고 한 아주 이쁜 손자가 됐다. 누나는 모든 사실을 알고 있으면서 모르는 척해주는 특급센스마저 발휘했고 말이다.

○○○○ 않았지만 좋은 아빠야

미세먼지는 많지만 따뜻하다. 오랜만에 아들과 머리 깎으러 나선 길이다. 아직도 앞서 걸으며 손을 쫙 펴면 탁탁탁탁 발소리를 내며 따라잡곤 조막손을 쏙 끼워넣는다. 머리 깎는 곳까지는 십 분 거리. 이런 저런 얘기를 이어간다. 갑자기 아내가 전해줬던 에피소드가 떠올랐다.

"아들, 아빠 정도면 잘생긴 거 아니야?"
(아주 잠깐 머뭇거린다) "아닌데... 안 잘생겼는데..."
"엉? 아니야? 아니 그럼 얼마나 잘생겨야 하는거야?"
"아빤 안경 썼을 때가 잘생겼어. 안경 벗으면 눈이 너무 작아져. 히히. 안경 한 번 벗어 봐"

조금 미안한 듯 웃음 섞어가며 말하더니 목을 한껏 제껴 올려다보며 고리눈을 뜨는 녀석. 분명 많이 컸는데 아직도 작고 어리다.

(멋있어 뵈는 포즈로 안경을 벗으며) "어때?"
"응, 역시 눈이 너무 작아. 안경 언제부터 꼈댔지?"
"끙... 중학생 되면서 썼지, 아마..."
"그랬댔지. 아빠, 나도 눈이 작지? 봐 봐"
(일도 안 머뭇거렸다) "아닌데, 너 정도면 눈 작은거 아니야"

안믿는 눈치다. 정말인데. 나보다 엄청 크단 말이다. 아내가 전해준대로 물었다.

"아들, 잘생기진 않았지만 좋은 아빠인 건 맞아?"
"어, 좋은 아빠 맞아"
'그렇구나, 그거면 충분하네. 까짓것, 잘생기지 않음 어때. 좋은 아빠면 되지'

아들이 엄마에게 했던 아빠에 대한 말은 이거였다.

"잘생기진 않았지만 좋은 아빠야"

아내라고 안물어봤을까? 나였어도 물었을거다. 녀석이 그랬단다.

"예쁘지는 않지만 좋은 엄마야"

녀석은 너무 눈이 높다. 어린 노무 자식이.

아빠가 OOO니까 은색을 써야지

"당신, 아침에 이 닦았어? 안닦았지?"

본가에서 하루 자고 난 다음 날, 어머니와 식탁에 마주 앉아있던 아내가 의심을 한껏 담은 눈빛과 함께 하는 말이다.

"아냐, 닦았어!" (진짜 닦았다!)
"거짓말한다~ 가져온 칫솔이 마른 채 그대로인데 닦긴 뭘 닦아. 자다 나와 보니 소파에서 TV 틀어놓은 채 잠들었길래 깨웠고 그대로 들어와 잤잖아"
"진짜 닦았다니까?! 소파서 잠들기 전에. 욕실에 칫솔 살펴봐. 안말랐을테니"
(아내 눈이 왕방울만 해지며) "억... 욕실... 은색 칫솔? 그거 내꺼잖아~ 당신거는 소파 옆에 있는데?!"
"엥? 그랬...나? 은색 칫솔이 내거 아니었어?"
"그, 금색 칫솔이거든!?"

이게 무슨 금도끼 은도끼도 아니고 완전 난감해하고 있는 와중에, 식탁 옆에서 어슬렁거리며 양치질을 하고 있던 아들녀석이 난데없이 이 대목에서 끼어든다.

"아빠가 늙은이니까 당연히 은색 칫솔쓰는 게 맞지이"
"그래! 내가 늙었으니까 은색... 헐! 아들?!@#$%^"

순간, 눈앞이 아득해지며 머릿속에 '늙은이니까, 늙은이니까, 늙은이니까' 라는 대목만 무한 반복으로 메아리친다. 어머니와 아내는 이미 끽끽거리며 쓰러졌다. 숨 넘어가게 생겼다. 녀석, 내 심상찮은 분위기를 느꼈는지 이유랍시고 거기에 보태는데 이렇다.

"히히... 아빠가 나이도 더 많고, 흰머리도 많잖아..."

더흡~!

'아빠가 (더) 늙은이니까' 였을거라고, 늙은이가 아니라 길걷던 이, 듣는 이처럼 '늙은 이' 였을거라고 애써 아내에게 강변해보지만(애 앞에 두곤 못하겠;;) 어지러움은 가시지 않더라. 쟤를 어쩐다지?!!

자전거? 아빠가 가르쳐주셨어

오랜만에 둘째도 도서관에 간다. 날이 쌀쌀하지만 두 녀석이 모두 가자는데 그러지 않을 이유가 없다. 아내는 밀린 집안일을 핑계로 빠져나갔다. 다음 번에 도서관갈 때는 자전거를 타고 가겠다 했던 딸내미는 자전거 상태가 괜찮겠느냐며 부산스럽다. 헬멧을 챙기고 장갑을 꺼내고 나갈 준비가 다 되어가는데, 정작 둘째가 안보인다. 이 녀석, 제 방에서 침까지 튀겨가며 일인극에 여념이 없다. 딸내미도 그 모양을 보더니 한 소리 한다.

"엥? 너 도서관 안갈거야?"
"갈껀데, 근데... 지금은 말고. 조금 더 놀다 가고 싶은데"
"뭐? 네가 먼저 가고 싶다 그러더니 뭐야~! 얼마나?!"
"조금만 더..."
"이그~ 알았어"

집을 나선 건 그로부터 삼십 분 후. 겨우내 창고에서 자던 자전거 바퀴는 예상한대로 바람이 다 빠져 있어 수동펌프로 짱짱하게 불어넣은 후에야 출발할 수 있었다. 누나가 자전거를 탄다니, 둘째는 킥보드로 가겠단다. 녀석은 아직 두발자전거가 서투르다.

찬 바람이 불지만 햇살은 강하고 미세먼지도 없다. 자전거 타기에는 무척 괜찮은 날씨다. 집에서 도서관까지는 걸어서도 십 분만에 갈 정도에 불과하다. 길이 좁고 오르막과 내리막이 여럿 있으며 짧은 횡단보도도 몇 개나 되서 지금 아이들에게는 훈련하기 제법 좋은 구성이다. 딸내미가 두발자전거를 타게 된 지 두

해가 됐지만, 그간 아파트 구내 또는 넓은 체육공원에서나 탔지 인도를 달려본 적은 없어서 연습을 겸한거다.

그런데, 이 녀석. 오르막도 좁은 길도 제법 잘 헤쳐나가는 게 아닌가. 미흡한 곳이라면 내리막을 타는 요령이 없는 것, 자전거를 세울 때 앞뒤 브레이크를 동시에 그것도 급하게 잡는 것 정도에 불과했다. 마침 긴 내리막이 있어 요령을 알려주곤 해보랬지만, 겁 많은 녀석, 안장을 잡아달란다. 그러마고 손만 갖다대곤 잡지 않았다. 알려준대로 딸내미는 뒷브레이크만 조작하며 부드럽고 안전하게 내리막을 통과한다. 횡단보도를 만나면 꼭 자전거에서 내려 끌고 건너는 것까지 배운대로 하는 모습을 보고 있자니 만감이 교차한다.

자전거 타기, 별거 아니다. 대부분이 할 수 있는 것이니까. 그런데 뭐가 만감씩이나 교차하는 걸까. 많은 이들이 아빠에게 또는 엄마에게 자전거를 배우는지 모르겠지만, 난 그렇지 않았다. (아빠가 가르쳐줬는데 그것마저 기억 못하는건 아니겠지?!) 기억을 뒤져봐도, '이거, 아빠가 가르쳐준거야' 라는 말을 해본 적이 없다. 그래서인지 아이들에게 직접 가르쳐서 할줄 알게 됐다는 게 남달리 다가온다. 아빠 덕에 할 줄 알게 됐다는 사실이 아니라 아빠와 보낸 시간과 기억들을 연결해주는 고리가 될 수 있을 거라 생각하기 때문이다.

두발자전거를 힘차게 구르면서 보이지 않을 만큼 쭉 달려나갔듯이, 녀석은 얼마 지나지 않아 그렇게 제 갈 길을 갈거다. 녀석이 제 갈 길 알아서 가기 전에, 언젠가 딸과 약속했던 천변 자전거 길을 함께 달려야겠다.

점심메뉴는 뭐야아?

딸내미의 단골 질문이다.

오무라이스 잼잼을 끼고 사는 바람에 생긴 습관인건지 가물가물한데, 언제부턴가 메뉴를 묻기 시작했다. 맞다, 물어볼 수도 있지. 그런데, 거의 매번이 아닌가 싶을 정도로 빈도가 잦다는게 문제다. 매 끼니 뭘 먹일까 고민하는 아내에게는 물론이거니와 저 질문을 들을 때마다 회사에서 점심먹으러 나갈 때가 떠오르는 나도 어떤 때는 너무하다 싶을 정도니까.

"엄마, 점심 메뉴는 뭐야아?"
"엄마, 저녁에는 뭐먹을꺼야아?"

질문의 끝에 묘한 억양이 있는데, 워낙 조심스러운 억양이라 짜증내기도 어렵다. 하지만 이 정도 되면 아내도 버럭 할 밖에 없다.

"엄마, 내일모레 점심메뉴는 뭐야아?"

아침 먹고나서 저녁식사 메뉴를 물을 때도 있고 심지어 며칠 후 메뉴까지 물으니, 아내조차도 끼니 직전에야 어렵사리 뭘 해먹을지 정하는 때에는 난감한거다.

얼마 전 장인어른 기일을 맞아 납골묘에 다녀가는 길. 넷이 조로록 서서 인사드린 얼마 후 아내가 갑자기 모두 먼저 내려가란다. 자기는 조금 있다 가겠다며. 이런 경우가 거의 없어 아내 뒤에 잠시 서있었는데, 눈썹에서 눈물이 한 방울 떨어지는게 보였다. 아들을 데리고 조용히 내려왔고 엄마 앞에 섰던 딸내미는 남았다. 딸이 엄마의 눈을 보고 다독이느라 남은건지는 모르겠지만, 모녀가 뭔가 통하는 게 있나보다 싶어 데려오지 않았다.

아래에서 기다린지 얼마되지 않아 아내와 딸이 내려왔다. 아이들은 높다란 계단과 긴 경사로를 따라 뛰어내려가고 아내와 나란히 걷는데, 부자가 내려간 후 상황을 전해준다. 감정이 북받쳐서 눈물을 두어 방울 흘리고 있는데, 딸내미가 그러더란다.

"엄마, 오늘 점심은 뭐 먹을거야아?"

어이도 없고 빵 터졌기도 하고 여하간 눈물이 쏙 들어갔단다. 아직 철부지라서 생각나는대로 꺼낸 말인지, 엄마를 어떻게 달래야할지 몰라 어색함에 아무 말이나 한 건지, 눈물 흘리는 엄마의 기분을 환기해주고자 일부러 내놓은 속깊은 말인지는 모르겠다. 궁금해서 이유를 물어본 적도 있는데 돌아오는 대답은 예상과 다르지 않았다. '그냥…' 정말 별다른 이유없이 궁금해서 묻는 건지도 모를 일이지만, 사춘기가 시작되는 건지도 모르겠다.

여전히 궁금하다. 읽을 것도 많고 놀 것도 많고 할 것도 많을 텐데, 녀석은 왜 매 끼니가 그토록 궁금한건지. 잊지도 않고 매번 물어볼 정도로 말이다.

오랜만에 우리끼리만 찾은 휴양림에서

얼마나 됐을까? 우리 가족만으로 휴양림을 찾은 적이 잘 기억나지 않는다. 갖은 새소리와 바람에 흔들려 나뭇잎들이 내는 소리에 묻혀 곰곰히 생각해보는데도 그렇다. 상당히 오랫동안 누군가와 함께 휴양림을 다녔다. 지인들과 휴양림을 찾았을 때도 물론 좋다. 이렇게 좋은 곳에서 마음맞는 사람들과 함께 시간을 보낼 수 있다는 건 행복이고 축복이다. 하지만 우리끼리만 왔을 때에 비할 수 없다는 걸 이번에 분명히 알게 됐다.

옥화자연휴양림은 오 년만이다. 그간 오래된 숙소들은 모두 철거하고 새로 올려서 마치 다른 곳인 듯 싶었는데, 가만히 지켜보니 옛 느낌이 고스란히 배어난다. 특히 인상적이었던 다양한 새소리도 여전하고 인상적인 나뭇잎 터널길은 더욱 푸르름을 더했다.

이번 휴양림행에는 빠뜨린 거 투성이다. 아이들 밤놀이의 마무리를 책임졌던 스파클라도 잊었고 언제나 잔잔한 음악을 선사해주던 블루투스 스피커도 놓쳤고 심지어 휴대폰 충전기마저 빠뜨렸다. 집에 두고 온 것들이 많은 때문이었을까? 덕분에 각자는 주어진 시간을 고스란히 누릴 수 있었는데...

주변에서 놀던 애들이 안보인다 싶더니만, 축대 아래서 딸내미가 올라왔다. 그리고 꽤 시간이 지났는데 둘째는 소식이 없다. 아까 봤을 때만 해도 축대 아래서 나뭇가지를 휘두르며 온갖 상황극에 빠져 있었는데 말이다. 더구나 아무 소리도 들리지 않는 게 아닌가. 깊숙이 묻혀있던 엉덩이를 들고 목을 뽑은 채 조심스레 아래를 내려다보니... 아들내미, 저러고 있다.

옆에 앉은 아내에게 아무 소리말라며 애가 어쩌고 있는지 한 번 보라했더니, 소리없이 '에이구 저 놈 저거' 라고 입을 움직이더니 피식 웃곤 이내 앉아버린다. 마음은 얼른 뛰어내려가 옆에 함께 눕고 싶었지만, 모른 척 내버려뒀다. 발자국 소리가 나면 화들짝 놀라 일어날 게 틀림없을테니.

아들은 저렇게 자기만의 방식으로 휴양림을 누리고 있는 중이었겠지.

그래도 궁금하다. 녀석은 저렇게 누워 무얼 보고 무슨 생각을 했을까

콜라의 위력

탄산음료를 좋아하는 건 우리 애들도 마찬가지다. 아내와 나도 여느 부모들처럼 탄산음료와 액상과당이 듬뿍 든 음료수에 손이 가지 않게끔 신경쓰고 있다. 마시는 것과 몸에 닿는 물 종류에 민감한 둘째 때문에 더욱 그렇다. 액상과당이 아이의 몸에 미치는 안좋은 영향을 알고 나면, 얼마나 맛있는지 알면서도 줄 수 없게 되고 주지 않으려니 부모 또한 마실 기회가 없어진다.

이런 상황이니, 어쩌다 외식을 하면서 주문하거나 물건 사다 딸려오는 탄산음료라도 있으면 온 가족이 입을 다신다. 외식하며 아내와 맥주 한 잔씩 주문할 때면 언젠가부터 이 녀석들, 자기들은 사이다 하나만 시켜주면 안되느냐 묻는다. 콜라를 훨씬 맛있어하지만, 콜라보다 사이다가 확률이 높다는 걸 알고 있다. 다섯 번에 한 번 정도 시켜주는 것 같다. 물론 하나 시켜서 반으로 갈라주기. 정확하게 반씩 갈라줘야 한다. 왠만한거 양보하는 딸내미도 탄산음료에 대해서는 여지없다.

엔드게임을 함께 보기로 한 날, 영화관이 있는 건물 지하 푸드코트에서 만났다. 나만 저녁을 먹으면 된다해서 오랜만에 수제 버거를 주문했고 큰 콜라가 하나 따라나왔다. 녀석들, 아빠 저녁밥이라 말은 못꺼내지만 거품이 보글보글 피어나고 얼음이 가득 들어있는 콜라잔에 눈길이 자꾸 꽂힌다. 식사를 하는 동안 콜라는 점점 줄어들고 그 때까지도 잘 참던 녀석들이 끝에 두 모금 정도가 남았을까 싶을 때 슬쩍 묻는다. 딸내미다.

"아빠, 나 이거 한 모금만 마시면 안돼?"

(앞에 앉은 아내 눈치를 얼른 보고) "한 모금? 괜찮지~ 자"

말이 떨어지기도 전에 컵을 채가서는 조심스레 남은 양의 반을 쪼옥 들이키는 녀석. 바로 앞에서는 동생이 예리한 눈빛을 반짝이고 있다. '나도 마실래, 나도 나도' 하면서. 둘째 손으로 넘어간 콜라컵. 므흣한 표정으로 여유롭게 빨대를 물고 들이키는데, 이제까지 가만히 있던 아내가 끼어든다.

"야, 나도 좀 마시자. 다 먹지마. 남겨. 남겨"

이 사람은, 가만히 있다가 꼭 둘째한테만 저렇게 짓궂게 굴더라. 말만 하는게 아니다. 손톱으로 빨대 중간을 꾹 눌러가며 방해까지 하고 있다. 참 내. 그 와중에도 어떻게든 빨아먹겠다는 녀석이 결국 입안에 머금긴했는데 표정이 이상하다. 너무 좋으면서도 이렇게 아까울 수가 있나라는 감정이 섞인 희한한 표정을 짓는다. 마치 약간 사래걸린 듯한 제스처를 하더니만, 혀로 이리저리 입안을 살피곤 어이없다는 듯 웃으며 투덜거린다.

"아~ 엄마아아~ 엄마 때문에 갑자기 먹는 바람에 목으로 다 넘어가버려서 맛을 못느꼈잖아아"

그렇다. 엄마의 방해공작에 그 맛있는 콜라를, 정말 어쩌다가 한 번 먹을 수 있을까 말까 한 콜라를, 마시긴 마셨는데 맛은 느끼지도 못했던거다. 아내는 미안해하면서도 낄낄거리며 빨대를 물고 있었고 컵에 콜라는 한방울도 남아있지 않더라. 결국 녀석들은 콜라가 스쳐지나간 얼음들까지 꽈작꽈작 씹어먹고서야 자리에서 일어섰다.

콜라, 그것 참~ 요물이다. 요물.

아빠가 어떻게 알아? 주웠다며

"이게 뭐야?"

아이들 수영장에서 데려오느라 퇴근한 나보다 늦은 아내가 주방 수납장 위에 놓인 파란 봉투를 집어든다.

"그거? 오다 주웠어. 당신 해"

이크, 어색함이 그대로 전해졌나보다. 뭐래는거야 라더니 봉투에서 꺼내들고는 이거 뭐야, 팔찌? 발찌? 머리끈? 하며 묻는 건지 혼잣말을 하는 건지 모르겠다. 대답을 기대했던 건 아닌 것 같다. 곧이어 오래 살고 볼 일이라며, 무슨 일 있느냐며 물어 왔으니까. 근데, 반응이 상상했던 것보다 훨씬 재미있다.

흥분한건지 너스레인지 모르겠을만큼 호들갑을 떤다. 다른 사람들이 보면 그게 무슨 호들갑이냐고 하겠지만, 아내가 이 정도인 경우는 거의 없기때문에 호들갑 맞다. 팔목에 걸어보더니 발에 차도 되겠다며 발목에 차고는 내 앞에서 어설픈 포즈를 잡는다.

"어때, 발목에도 괜찮지?"
"음... 발목이 좀 조이는 것 같은데... 살이 좀 들어갔;; 목욕탕에서 주는 그거 찬 거 같아. 크크크. 그거 발찌 아니야. 팔찌야. 다른건 팔찌도 되고 머리끈으로도 쓸 수 있는거래"

아내도 당연히 알고 있다. 그러면서도 낄낄거리고 히죽거린다. 그 광경을 처음부터 끝까지 보고 있던 둘째녀석. 옷을 갈아입다 말고 팬티만 걸친 채 눈을 동그랗게 뜨고는 내게 취조하듯 묻는다.

"아빠가 어떻게 알아? 주웠다며"

대답대신, 정수리를 힘차게 문질러줬다. 그런 게 있어 인마.

오무라이스 잼잼과 소시지전

"소세지전 맛보고 싶다"
"엉? 소세지전?"
"어, 아빠 몰라? 오잼 1권에 나오는건데, 경규아저씨 어렸을 때 자주 먹던 거래. 이거이거"
"아, 이거어~ 이건 아빠도 많이 먹었지. 이 정도면 아빠가 해줄 수도 있는데?"
"진짜? 그럼 이거 해줘라. 어떤 맛일지 궁금해"

퇴근길, 얼마 전 난데없이 소세지전이 먹고 싶다던 딸내미가 떠올랐다. 하필이면 왜 소세지전일까 생각하다 픽 웃음이 난다. 집 근처 마트를 들러 길이가 오십 센티미터는 될 법한 그 때 그 소세지를 사들고 갔다. 딸내미 입가로 희미하게 번지는 미소라니. 녀석은 요즘 저렇다. 좋아도 좋다는 티를 잘 내지 않는다.

딸내미는 많이 먹지도 닥치는대로 먹지도 않는 편인데, 조경규 작가의 오무라이스 잼잼에 환장한다. 어떤 음식이 몇 권에 나오는지 대략 외우고 있을 정도다. 웹툰이라 인터넷으로 볼 수도 있지만, 우리 집은 검색용도로만 인터넷 사용이 가능해, 다음 이야기가 책으로 나오기를 오매불망 기다릴 밖엔 도리가 없다. 그게 더 아이를 애타게 하는가 보다.

조경규 작가의 딸인 은영이는 옆집 사는 사람으로 느껴질 정도다. 은영이 언니는~ 은영이 언니는~ 하면서 마치 은영이 언니에게 직접 들은 양 와서 전하는데, 책을 읽고 하는 말이라는 걸 알면서도 잠깐씩 헷갈릴 때가 있으니 말이다. 잘 때도 들고 들어가고 여행갈 때 챙기는 책 첫번째는 오무라이스 잼잼이다.

냉장고에 넣어두고 잊었는데, 주말 저녁준비를 앞두고 아내의 단골 걱정거리 '뭐해 먹지'를 듣고서야 기억이 났다. '소세지전 해볼께. 지난 번에 사왔던 걸로 말야' 했더니 흔쾌히 그러잔다. 그러더니 긴장이 풀렸던지 이 친구 소파에 누워 까무룩 잠이 들어버린다. 소리에 민감한 사람인데, 달그락 거리고 계란물을 풀어도 깨지 않는다. 그렇게 뚝딱 옛 기억 건드리는 소세지전 완성. (아들은 계란을 안먹어서 그냥 지진 것도 있다)

딸내미는 역시 맛있다며 만족스러운 표정을 짓고 아내는 옛 생각난다며 오물거리는데 정작 나는 글쎄... 별로다. 옛 맛에 가까우라고 일부러 식히기까지 했는데, 뭐랄까 입안에서 녹아문드러지는 듯한 식감이 영 아니다. 어릴 적 그 맛이 아닌 것 같다. 워낙 어릴 때 기억을 못해서 그렇겠거니 했지만, 어느덧 소세지는 뽀득하고 쫄깃해야지라는 공식이 머리와 혀에 박혔나보다.

나도 딸내미도 과연 나중에 또 생각이 날까 싶다. 기억난다면 소세지전의 맛 때문은 아닐거다. 아빠와 엄마가 어릴 적 맛있게 먹었던 무언가를 아들 딸과 함께 나누었다는 추억. 추억때문에 기억나지 않을까. 맛이 예전같지 않다 해도 이제는 그다지 맛이 없다 해도 조경규 작가의 바람처럼 계란물 입혀 노릇하게 구워내는 소세지전에 제격인 분홍소세지가 단종되는 일은 없었으면 좋겠다.

또 하나를 체득하다

올해는 둘째가 첫영성체를 준비하고 있다. 작년에 딸내미가 준비하는 걸 보곤 이건 거의 가혹행위에 가깝다고 했었는데, 나만 그리 생각했던 건 아니었던지 올해는 꽤 완화됐다. 내 생각에는 여전히 심하다 싶긴 하지만.

읽는 것 좋아하고 쓰는 것 좋아하고 해야 하는게 있으면 끈기있게 붙어서 성실히 하는 편인 딸에도 성경필사는 만만치 않은 과제였다. 써야 되는데 너무 졸리고… 그러다보니 눈물이 나는 날들도 여럿 있었다. 물론 딸도 아내도 처음이라 시간안배를 못하다 후반부에 몰리는 바람에 그렇기는 했지만, 여튼 막판에 몇 번인가는 온 가족이 동원되어 최소한 몇 절씩은 손을 보탰었다.

둘째는 조금 우려됐다. 누나와는 많이 다른 때문이다. 읽는 속도도 늦은 편이고 쓰는 속도는 더욱 그렇고 노는데는 더 열심인데다 무엇보다 엄마와 티격태격한다. 누나 때와는 달리 초기부터 분배를 잘 해서 가지 않으면 짧아진 기간을 맞추기 매우 어렵다. 계획을 하고 시작했지만, 어디 계획대로만 가던가. 결국 시간에 쫓기기 시작했다.

읽기가 느린 때문에, 둘째는 첫째와 달리 읽어달라는 요구가 잦았다. 읽은 후 쓰려고 보면 철자가 생각이 안나고, 확인하려 성경으로 눈을 돌리면 아까 위치를 찾느라 시간을 써버리니 쓰기 속도와는 관계없이 진도가 빠지지 않는 거다. 얼마간 합을 맞춰보니 요령있게 읽어줘야 쓰는 속도가 빠른 상태로 유지된다 것과 적당한 규칙이 있다는 것도 알았다. 'ㅐ'와 'ㅔ'는 아, 이 와 어, 이로 말해줘야 하고 받침은 미리미리 말해줘야 한다. '갖고' 같은 경우, 미리 받침은 ㅈ

이라 해두지 않으면 '같고'로 써버리기 때문이다. '없는' 처럼 겹받침은 말할 것도 없다.

녀석은 희한한 습관을 갖고 있어서, 철자가 틀리거나 띄어쓰기 잘 못한 것을 그냥 넘어가는 법이 없다. 한두 개는 괜찮다고 그냥 넘어가도 된다해도 기어코 지우개로 지우고 다시 쓴다. 제 말로, '난 그런거 용납이 안돼' 그런다. 속으로 오... 용납이 안된다는 말도 할 줄 아네 했는데, 이 녀석 혼잣말로 바로 이러는 게 아닌가?

"근데, 용납이 뭐야?"

마감이 얼마 남지 않은 며칠 전부터 우리 집 저녁시간은 필사하는 시간이었다. 아이만 쓰는게 아니라 부모도 써야 해 아내는 식탁에서 둘째는 거실 책상에서 쓴다. 아내 코도 석 자니 읽어주기는 내가 해야 한다. 누나는 가끔 써주기는 하는 모양인데, 읽어주기는 하지 않는다. 처음으로 읽어주곤 일주일 정도 있다가 며칠 연속으로 읽어줘야 했다. 밀린 게 많으니 읽는 것도 보통 한 시간 이상이다.

단어 하나씩 끊어 읽어주기를 한 시간이상 하고 있으면 별의 별 생각이 다 든다. '내가 지금 뭘 하고 있나, 이 시간에 다른 걸 하면..., 차라리 내가 후딱 써주고 남은 시간에 내 할 일을 할까' 등등. 그런데 이 녀석, 내게 대신 써달라는 말은 하지 않는다. 잠도 줄이면서 자기가 직접 쓰겠다며 읽어만 달란다. 혀끝에서 달랑거리던'이제 네가 보면서 써'라는 말은 꿀꺽 삼켰다.

녀석은 어깨를 돌리면서 팔뚝을 주무르면서 썼고 뒤로 드러누웠다 일어나서 또 썼다. 짜증나고 울음도 터질 뻔했지만 어찌어찌 써나갔다. 필사하는 동안 녀석은 쓰기가 부쩍 늘었다. 글씨체도 대략 잡히고 무엇보다 속도가 무척 빨라졌다. 앞으로 학교 생활을 비롯한 여러 상황에서 큰 기반이 될 수 있을거다.

엄마에게 연신 다 썼느냐 묻던 녀석은 결국 엄마보다 하루 늦었지만, 제출 마감일 무려 이틀 전에 다 써냈다. 마지막 문장을 쓰는 그 때, 나도 현장에 있었다. 환호성을 지르고 얼싸안고 하이파이브를 했다. 예의 입술을 삐죽 내밀고 멋적은 표정을 지을 줄 알았는데, 이 자식, 안그런다. 뭐랄까 좀 부끄러워하는 것 같긴 하지만 축하를 충분히 누린다.

녀석의 글씨체를 따라 스무 절 정도를 써본 적 있는데, 녀석이 썼으면 구십 분 넘게, 내가 쓰면 육십 분도 안걸릴거라 예상했다 된통 당한 적이 있다. 대신 써도 녀석이 쓰는데 걸리는 시간이 고스란히 들더라.

녀석은 연필이 손가락을 파고 들어가는 것만 같고, 손아귀와 팔뚝이 뻣뻣해지고 어깨가 아팠던 필사 과정을 지나면서 충분히 축하받을만 하다 깊이 느꼈던 듯 싶다. 쉽지 않은 과정 치러낸 아들에게 축하를 전하고 둘째가 흔들림없이 버틸 수 있도록 도운 아내에게도 축하를 전한다. 덕분에, 일부에 불과하긴 하지만, 나도 마르코복음을 읽을 수 있었으니 이 또한 축하할 일이다.

이빨 요정

퇴근했더니 제 방에서 엎드려 누워 자는 척 하던(알고보니 배가 너무 고파서 누워있었다고) 둘째가 뛰어나온다. 자랑스럽다는듯 내밀며 보여주는게 있으니... 충치가 잔뜩 먹은 윗어금니되시겠다. 얼마 전 치과에서 어차피 빠질 이고 충치가 많이 먹었으니 온 김에 빼자는걸 아들내미가 극구 사양하시는 통에 돌아왔었는데, 그걸 결국 뺀거다. 며칠 전부터 만지작거리더니만 학교에서 아프다 싶을 정도로 밀어 거의 빼내고는 집에서 아내가 실로 마무리했다나. 녀석의 이빨은 희한하게도 꼭 뿌리 한쪽이 무척 길다. 뿌리가 녹아도 어찌 저리 녹을까. 뽑다가 잇몸 다치기 쉽게시리.

빼기 직전까지만 해도 세상이 무너질 듯 한 표정에 걱정이 한아름인데(이빨에 실 묶은 채 망연자실 앉은 모습을 찍은 사진이 있는데 그거 볼 때마다 빵빵 터진다) 뽑고 나면 싱글벙글이다. 해치웠다는 해방감만큼이나 기쁜 일이 있으니... 바로 이빨요정과의 거래다. 어릴 적부터 뽑은 이를 하도 모아두길래, 이빨요정을 등장시켜 해소해오고 있는데 뽑은 이 하나에 천 원씩 두고 간다. 저녁을 먹는 동안 이를 뽑은 얘기는 단연 화제가 됐다.

(잔뜩 기대한듯, 녀석은 돈에 매우 민감하다) "이빨 요정이 오늘도 오겠지?"
(아~ 참 아내가 또 아들내미를 놀린다) "근데, 이번 이는 너무 썩어서 요정이 되레 네 돈을 가져가는 거 아닐까?"
"안돼! 내가 돈을 얼마나 중요하게 생각하는데... 이빨요정들아, 내 돈 가져가면 안된다~"
(나도 거든다) "그럼, 그냥 이만 가져가도 돼?"

(개구진 표정을 짓더니) "흐흐~ 아니, 그건 아니야"

잠자리에서 책을 읽어주려는데, 아들내미가 옆에 눕더니 이런다.

(마치 주문을 외듯) "이빨요정들아, 내 돈 가져가면 안된다~"

하여간 자식, 소심해가지고는... 왜 그렇게 돈에 집착하는지... 녀석들이 잠든 후 지갑에 남아있던 천 원짜리를 놓고 빠진 이를 챙겨나왔다. 소파에 앉아있던 아내에게 물었다.

"저 녀석들, 아직도 이빨 요정의 존재를 믿는거야?"

(아내도 신기한듯) "믿더라구, 딸내미가 얼마 전에 그러던데? 엄마, 이빨요정들이 썩은 이로는 폭죽을 만든대 라고"
"어허허~ 그래? 썩은 이로는 폭죽을 만든다더라..."

다음날 아침. 왠일로 두 녀석이 모두 잠에서 깨 거실에 나와있다. 안아주고 씻으려 했는데, 둘째가 품을 파고 든다. 책을 뒤적이던 딸내미가 그런다.

"아빠, 이빨 요정이 천 원 두고 갔어. 그런데, 그 천 원에 115,000원 이라고 써 있다?"
"잉?"
"그래, 천 원짜리는 맞는데 115,000원 이라고 써 있어"
(둘째가 옆에서 끼어든다) "그거 아빠가 놓은거지? 아빠 지갑에서 그렇게 적힌 천 원짜리 본 적 있어"
(시치미 뚝 떼며) "뭔 소리래?"

돈에 민감한 녀석이니 지폐가 들어있는 아빠 지갑을 열어봤으리라 짐작할 수 있다. 천 원짜리에 115,000원이라고 적혀 있었으니 기억에 분명히 남기도 했겠지. 알 도리는 없던 상황이지만 낭패다. 이제부터는 이 대신 놓을 지폐는 펼쳐서 잘 살펴보고 아무 표시도 없는 걸로 골라야겠다. 말이 길어지면 이상해지겠다 싶어 짧게 자르고 말았는데, 이번을 계기로 녀석들 믿음 속의 이빨요정과 산타할아버지가 사라지는 건 아닐까.

절대 들어오지 마라

방문에 붙는 경고문은 아마 딸있는 집이라면 대부분 볼 수 있지 않나 싶다. 작년부터인가 붙기 시작했던 것 같다. 검정색으로 칠해서 아주 잘 보이게 하려다 귀찮아 그만뒀는지 절의 ㅈ만 검은 칠이 되어있다. 별다른 이유가 없어도 딸이 그럴 때가 된건가 싶기도 했지만, 동생의 그간 행보를 보면 분명한 이유가 있긴 있다.

예를 들어 이런 거다. 딸이 책읽기를 즐기다보니 아무래도 하루중 읽는 시간이 긴데, 동생이 꼭 옆으로 와서 누나가 보는 책을 함께 본다. 알잖나, 내가 읽고 있는 걸 바로 옆에서 누군가 함께 들여다보고 있으면 어떤 느낌인지. 하도 그러길래 몇 번 주의를 준 적도 있는데, 따로 책읽는 건 그 때뿐이다. 자기는 누나 옆에 붙어서 읽는 게 좋단다 재밌단다.

하지 말라고 하다 지친 누나가 제 방으로 들어가면 슬쩍 쫓아들어가 거기서도 그러고 있으니 짜증이 안나겠나. 이런 장면이 반복되고 딸내미 친구들이 놀러와서 여자들끼리만 놀고 싶은데 남동생이 자꾸 들어오니 써붙였던거다. 어느 날, 누나가 단단히 화가 났다. 평소 큰 소리 잘 안내는 녀석인데, 소리를 버럭 지른다.

"야! 너 내 방문에 붙여놓은 거 안보여?! 왜 자꾸 허락없이 내 방에 들어오는건데?!"

그런데, 아들놈이 이러는 게 아닌가.

"아~ 왜에~ 그러는 누나는 맨날 내 방에 와서 자면서 난 왜 누나방에 들어가면 안돼?!"

그랬다. 몇 달 전에 아이들에게 각 방을 줬더랬다. 옷방이자 TV방으로 쓰던 곳을 정리하고 깔끔하게 민트빛 페인트까지 발라 딸내미방으로 줬다. 아이들 방이 조금 더 넓어서 큰 애에게 주려 했건만, 딸내미는 되레 작은 방을 골랐다. 예쁜 침대까지 놔주고 이 주 정도 혼자 재우면서 따로 자는 습관을 들이려했는데 잘 안됐다. 아직 많이 무섭단다. 불끄고 문을 닫으면 불안해서 잠이 안온다는거다. 긴장한 탓인지 거의 매일 배가 아프다고까지 했었다.

대안은 하나밖에 없다. 이제는 동생방이 된 곳에서 동생과 함께 자는 것. 지금은 혼자 잘 수 있느냐보다 잘 자는게 중요하다. 잠버릇이 심한 동생이 매일같이 발가락으로 옆구리를 파고들어도 때로는 밀려서 요를 벗어나 맨바닥에서 자는 경우까지 있는데도 아직은 그게 더 좋단다.

동생과 함께 자는데도 '코니' 라 부르는 인형은 꼭 껴안아야 한다. 한 번은 시골에 두고 올라온 적이 있는데, 할머니가 다음 날 바로 택배로 부쳐줬을 정도다. 친구네서 하루 잘 때도 꼭 데려간다. 뿐인가. 만화책 오무라이스 잼잼을 꼭 한 권씩 가져다 배게 밑에 넣는다. 엄청 두꺼운 책이다보니, 아이가 잠든 후 빼주는 게 매일이다. 잠이 들 때까지는 방문도 꼭 닫으면 안된다. 반이상 열어둬야 한다.

마음의 안정을 꾀하는 방법도 가지가지다. 희한하다. 이 상황이면 자기 방의 경고문은 뗄만하잖은가? 매일 9~10시간씩 동생방에 있는거니 말이다. 왜 그대로 두는 걸까, 집에 놀러오는 친구들에게 보여주는 목적일까?

다 같이 할 수 있는 거잖아

퇴근길 지하철인데 카톡이 울린다. 도착역 옆의 마트에 와있는데, 애들이 아빠 만나 같이 들어가잔다며 장난감 코너로 오란다. 도착하려면 한 시간이나 남았고 저녁도 안먹었다는데, 주전부리를 많이 해 괜찮다 했다면서 오란다.

한 시간 후 마트의 장난감코너. 레고를 조립해볼 수 있는 코너에서 두 녀석을 만났다. 아들내미가 날 보자마자 호들갑이다. 게임기 코너를 들렀다가 엄마가 갖고 싶어하는 게임이 들어온걸 알았다면서, 그걸 보러 가잔다. 얼마 지나지 않아 생일을 맞는 아내가 아이들에게 게임 선물해달라고 농을 쳤던가본데, 둘째가 잊을만 하면 한 번씩 그 얘기를 하더니 급기야 엄마가 탁 찍은걸 보곤 그냥 넘어가지 않는 거다.

"야, 아들. 너 진짜 그거 엄마에게 선물할 생각이야?"
"어, 그럴려구"
"너 반 년동안 모은 피같은 돈이잖아. 한두 푼도 아니고 오만 원이 넘는 건데..."
"육만사천팔백 원이야. 사백 원이 모자라"
"헉... 그러니까~ 너 그렇게 모았는데 안아까워?"
(올려다보며 씨익 미소짓더니) "이건 다 같이 할 수 있는 거잖아~"
"엉? 그래도 너무 비싸잖아? 잘 모아뒀다가 네가 정말 필요할 때 쓰지..."
"괜찮아, 또 모으면 되잖아~"

엄마를 그 정도로 생각하는 건지, 자기가 사겠다면 엄마 아빠가 쉽게 동의해주지 않을 거란 사실을 간파한 건지, 돈 쓰는 것에 개념이 없는 건지 모를 일이지만, 하여튼 그랬다. 지난 내 생일 때는 자기 방으로 데려가더니만, 무척 창피해하며 무려 이만 원을 선물로 내밀기도 했다. 평소에 돈 모으는데 열심이고 왠만해서는 지갑을 열지 않는 녀석인데, 당췌 알 수 없는 구석이 생겼다.

"아까 그거 내 돈으로 사서 미리 엄마한테 선물하려고 그랬거든? 돈을 안가져와서 우선 엄마가 사면 집에 가서 준다고 했는데, 그래도 되는지 아빠한테 물어봐야 한대"
"그랬구나, 엄마 생일 직전까지도 마음 안바뀌거들랑 모은 돈 내고 직접 와서 사도록 하자. 그렇게 사면 느낌이 엄청 달라. 그걸 느껴보자구"
"그래? 그럼 알았어. 오늘은 같이 보고만 가자"

집에 닿자마자 자기 방으로 뛰어들어간 아들내미가 한동안 나오지 않는다. 뭘 하나 들여다봤더니만, 방바닥에 지폐와 동전을 꺼내 가지런히(마치 부자게임을 할 때 게임머니처럼) 펼쳐놓은 채, 한 손에는 지갑을 쥐고는 진지한 표정으로 앉아있다. 이윽고 방에서 나온 녀석이 나를 의미심장한 눈빛과 표정으로 바라보며 던지는 말,

"내가 잘못 알았네~, 사백 원이 아니고 이천사백 원이 모자라. 아~ 어쩐다~?"

어쭈, 이 녀석 봐라~?!

주 52시간 근무제가 바꾸는 것

주 52시간 근무제가 시행된 후 회사에서 많은 것을 준비해 선보였다. 무엇보다 반가운건 8시~5시 근무가 가능해졌다는 것. 그리고 본인이 지정한 퇴근시간에서 십 분을 초과하면 컴퓨터가 자동으로 꺼진다는 사실이다. 따로 신청서를 올리지 않는 이상 일을 하고 싶어도 할 수가 없는 환경이 된거다. 얼마 전까지만 해도 삼십 분 초과했을 때 꺼지다보니 5시까지 근무라해도 사무실을 나서는건 5시 30분이 돼야 했다. 6시까지 근무하는 사람들이 많은데다 회사도 자신도 익숙하지 않은 광경이므로 눈치를 보게 되는 거다.

하지만 불과 삼십 분만 일찍 사무실을 나서도 상당한 의미가 있다. (사실 6시 퇴근 때보다 거의 오륙십 분 먼저 나서는거니까) 나처럼 퇴근에 1시간 40분이 걸리는 경우, 6시 20분에 퇴근해 집에 도착하면 8시다. 야근을 안했을 때 그렇다. 아이들은 이미 저녁을 먹었고 나는 혼자 상을 받는다. 하루 세끼 먹는데, 녀석들과 함께 식사할 수 있는 기회는 없다. 아내는 저녁상을 두 번 차려야 한다. 나 같은 집밥돌이면, 거의 매일 저녁상을 두 번 차리는 거다.

더구나 아이들은 8시 반이면 잠자리에 든다. 어렸을 적부터 그렇게 습관을 들였다. 8시까지 귀가해야 아이들과 삼십 분이라도 이야기할 수 있다. 지난 몇 년간 기를 쓰고 정시에 퇴근하려 했던 이유다.

녀석들과는 8시 30분까지 잘 준비를 마치면 책을 읽어준다는 약속도 있다. 하지만 지난 해까지는 한 주에 한 두 번 그럴 수 있었을 뿐이다. 칼퇴근을 해야 하고 저녁식사를 마쳐야만 했으니까. 아이들 입장에서는 억울할 수 밖에. 이해가 안가는 건 아니지만, 약속대로 했는데 안된다니 말이다.

5시 20분에 퇴근하면 집에 7시 전에 들어올 수 있다. 그 시간도 아이들에게는 너무 허기지는 때지만, 가족 모두가 저녁을 함께 먹을 수 있다는 사실로 버틸 수 있을만한 시간이란다. 녀석들이 기다렸다 함께 먹자고 한단다. 녀석들도 함께 식사하는게 좋고 기다려지는가 보다.

주52시간 근무제가 시작된지 몇 달 됐지만, 바뀐 조건을 어색하게 느끼지 않게끔 되는데까지 시간이 걸렸다. 그게 요즈음 인가보다. 저녁 7시도 알맞은 저녁식사 시간이랄 수는 없지만, 7시에 시작된 저녁은 무슨 할 얘기들이 그리 많았던건지 거의 8시까지 이어졌다. 전에는 화제로 올릴 생각을 못했던 구체적인 이야기들도 나왔고 여유롭게 이야기하며 자연스레 마무리가 되는 신기한 경험도 왕왕한다.

뿐인가, 아이들은 아빠가 책을 읽어주는 소리를 들으며 잠든다. 요즘은 한 주에 한두 번 빠진다. 못 읽는 이유도 녀석들이 제 시간까지 잘 준비를 못했기 때문인 경우가 대부분이다. 거꾸로 된거다. 예전같으면 아빠 피곤하다고 글밥이 적은 책을 주로 골라왔었는데 이제는 제법 긴 놈으로 고른다는 것도 달라진 점이다. 이제 혼자 읽는 게 훨씬 빠르고 편할텐데, 녀석들은 여전히 책을 읽어달란다. 아이들이 태어난 지 얼마 안됐을 때 읽은 책에서, 아이들이 원하면 중학생 때까지 읽어줘도 좋다고 했다. 새겨두지 않았다면 이미 책 읽어주기는 중단했을지도 모를 일이다.

너희 정말로 책 읽어주는 게 좋아서 맨날 읽어달라는 거냐며 가끔 진지하게 묻는데, 당연한 걸 왜 묻느냐는 표정으로 답을 하는 걸 보며 여전히 읽는다. 귀찮지 않다면 거짓말이지만, 감수할만큼 귀한 시간이기도 하다.

하루 한 끼지만 가족이 함께 저녁을 먹을 수 있고 책을 읽어주며 재울 수 있고 저녁상을 한 번만 내도 된다는 것만으로도 삶의 질이 달라지고 있다. 가랑비에 옷 젖듯 서서히. 불과 삼십 분, 한 시간 이른 퇴근이 만들어낼 수 있는 장면이라는 사실이 새삼 놀랍다. 적잖은 문제점과 파열음을 내고 있는 주 52시간 근무제지만, 감수할만큼의 가치가 있다고 믿는다. 모쪼록 잘 안착해갈 수 있기를 바란다.

햄스터 떠나보내기, 이 년 만에 우리 곁을 떠난 초로

마침 불어닥친 태풍으로 가는 날부터 오는 날까지 비가 쏟아졌던 3박4일간의 휴가를 마치고 들어온 집. 짐을 부리던 아내가 화들짝 놀라 소리친다. 소리난 곳을 돌아보니 햄스터 초로의 집이다. 우리가 휴가로 모두 집을 비운 사이, 녀석은 홀로 쓸쓸히 하늘로 갔다. 딱 이 년 되는 즈음이다.

사실 몇 주 전부터 조짐이 보였다. 아내가 하루가 멀다하고 걱정했으니까. 쳇바퀴도 돌리지 않고 돌아다니는 것도 어눌해졌다고 했다. 시간이 갈수록 어눌함이 더한다고도 했다.

딱딱하게 굳은 채 톱밥 속에 묻혀 움직이지 않는 초로를 바라보는 아이들은 아무 말이 없었다. 딸아이가 한 말이라곤 '초로 눈 한 쪽은 감지도 못했어...' 뿐이었다. 아이들과 아내가 느끼는 감정은 초로에게 별다른 관심을 갖지 않았던 나와 크게 다를 수 밖에 없을거다.

베란다 앞 나무 밑에 묻어주기로 했다. 상자를 꺼내오고 하얀 손수건을 깔고 눕혔다. 모두 나가서 땅을 깊이 파고 묻고 돌아가며 밟아 흙다짐을 했다. 둘째는 쪼그려 앉아 한참동안 자리를 뜨지 못했고 딸은 어디선가 작은 들꽃을 꺾어다 묻힌 곳에 놨다. 집으로 들어오고도 한동안 말들이 없었다. 그렇게 각자 마음을 추스렸나보다.

초로는 갔지만, 아이들은 약속을 지켰다. 이 년 동안 자신들의 손으로 돌보면서 책임을 다했고 다른 반려동물을 맞을 자격이 있음을 증명했다.

아이유에게 배우는 방책, 아이와의 약속

아이들이 수영을 간 사이 늦은 저녁상에 아내와 앉았다. 아내가 단호히 말한다.

"아니야, 이번에는 그 정도로 넘어가서는 안된다고 생각해. 벌칙이라긴 뭐하지만 비슷한 게 있어야 해. 심심하고 지루한 시간에 할 수 있으면서 도움이 될만한 걸 함께 줄 필요가 있어. 안그러면 남는 것도 없이 그냥 기분 나쁜 경험으로 기억되고 학습되고 말거야"

자초지종을 들어보니 아이들은 약속을 어겼다. 허락받지 않은 채 음악재생용으로 쓰는 스마트폰으로 유튜브를 봤고, 겁이 나 그랬겠지만 어쨌건 스마트폰을 쓰지 않았다고 거짓말을 했다. 진료 일정이 취소되는 바람에 예정보다 한 시간 일찍 들어온 엄마에게 딱 걸려버린거다. 배터리가 모자랐는지 아님 완전범죄를 공모했는지 스마트폰에 전원까지 끼우고 주방에 의자까지 모아두고 올라서서 보다 인기척이 나자 후다닥 거렸단다.

뭐했느냐 물었더니 근처에 있던 돼지저금통 속 동전이 몇 개인지 세보고 있었다나. 약삭빠른 둘째놈이 둘러댔고 '그래, 몇 개나 되든?' 라는 엄마의 추가 질문에도 '오십 개쯤...?' 이라며 천연덕스러웠단다. 난감한 표정의 딸내미가 식탁 아래로 스마트폰을 가려두고 있다 걸렸다. 아내는 스마트폰을 허락없이 봤다는 것보다 거짓말을 했다는 것, 그리고 딸내미가 동조해 그랬다는 사실에 충격을 받았다고 했다.

녀석들이 이해가 안가는 건 아니다. 방학해서 시간많겠다. 학원을 가길 하나. 집에는 둘 밖에 없지. 스마트폰은 열려있겠다. 유튜브는 재밌겠다. 강렬한 유혹일 게 뻔하다. 몇 차례 아이들과 앉아 얘기도 했었다. 쓰지 않을 수 없는 것이고 자칫하면 이것에만 빠져들어 버릴 수 있기 때문에 조절해서 쓰는 연습을 지금부터 할 필요가 있는 거라고. 스마트폰과 PC에 암호를 걸지 않았던 건 그 때문이었다.

아이들이 약속을 어기는 경우가 왕왕 있을 거라고 당연히 예상했다. 약속을 지키지 않았을 때 어떻게 대처하는 것이 좋을까 그리고 그 과정과 경험이 중요할 거라 생각했다. 속상해하는 아내에게 그랬다. 자기 어렸을 땐 부모가 하지 말라는 건 안했다는 아내에게 그랬다.

"여보, 나는 딸내미가 그랬다는 사실에서 되레 잘 자라고 있다는 생각이 들었어. 내가 어릴 적에 엄마 몰래 여성지 보고 그랬던 거랑 별반 다르지 않다고 생각해. 소심한 녀석인데 이렇게 뭔가를 몰래 시도했다 걸려보기도 하면서 조금 더 크는게 아닐까? 우리가 주의할 것은 딸내미에게 내게 실망했다는 느낌을 주지 않는 게 아닐까 싶어. 실수할 수 있는 거니까"

약속을 어긴 것에 대해 어떻게 할 것인가를 놓고 머리를 맞댔다. 시한을 정해 놓고 스마트폰, PC, 게임을 모두 잠근 채 금지할 것인가 스마트폰과 PC만 한시적 금지할 것인가, 한시적은 얼마나 할건가, 그렇게만 하면 느끼는 게 없이 바람직하지 않은 경험만 하는 게 아닐까 … 이야기가 꼬리에 꼬리를 물었다. 그러다 아내가 무심코 꺼낸 한 마디.

"글밥 책을 읽으라고 할까...맨날 학습만화나 읽는데"

퍼뜩 오래 전 TV에서 봤던 장면이 기억났다. 아이유가 가수 데뷔하고 얼마 되지 않았을 때 한 토크쇼에 나와 어릴 적 이야기를 하던 중이었다. 아빠에 대한 에피소드였는데, 자기가 잘못한 일이 있을 때 야단치는 대신 별 말없이 두꺼운 책을 한 권씩 줬다는거다. 당시 아이유의 기분은... 잘 기억은 안나지만, 고마웠고 도움이 많이 됐다고 했던 것 같다. 현재 활용할 수 있는 적절한 방책이겠구나 싶었다. 글밥 책 읽기를 비롯해 아내와 구체적인 대응방안을 짜놓고 아이들을 맞이했다.

식탁에 둘러앉아 이야기를 나누는 동안 녀석들은 울먹이며 제법 털어놓았다. 예상대로 제안한 건 둘째놈이었고 누나는 동조했다. 그간 서너 번 같은 일을 벌였었고(둘의 진술이 엇갈렸다. 아들은 처음이라고 했다) 스마트폰 외에 PC 나 게임을 약속 외로 몰래 한 적은 없다고 했다. 녀석들이 생각한 방법도 제시했다. 유튜브를 보지 못하게 잠가달란다. 그렇겐 못하고 스마트폰을 잠가야 한댔더니 고민이 깊다. 음악과 라디오도 듣지 못하기 때문이다.

아이들과 조정을 했다기는 어렵지만, 이렇게 정리했다.

열흘 동안 스마트폰과 PC 는 암호를 걸어 잠그고 사용금지한다.
심심하고 지루한 열흘 동안 읽어야 할 글밥 책을 한 권씩 줄 것이고 읽은 후 짤막하게나마 독후감을 쓴다.
열흘이 넘도록 읽지 못하는 경우 다 읽을 때까지 사용금지는 연장된다.
금, 토, 일 한 시간씩 하는 게임은 유지한다.

딸에게는 '나의 라임오렌지 나무'가, 아들에게는 '샬롯의 거미줄'이 주어졌다. 읽는 데 자신있는 딸내미는 표정의 변화가 없고 아들놈은 금방이라도 울음을 터뜨릴 기세다. 책을 들춰보는 동시에 물었다. 열흘동안 다 못읽으면 어떡하냐고. 독후감을 써야 한댔더니 또 물었다. 그냥 책 내용 일부를 필사하면 안되냐고. 마음이 흔들리고 있는데, 아내가 선을 그었다. 해보지도 않고 그러지 말자고. 시도해보고 얘기하자고.

벌칙이라고만 생각하지 말았으면 했다. 부정적인 경험이나 기억으로만 남지 않았으면 했다. 그랬기에 시간 보내기 좋았던 것들이 차단되면서 더욱 느리게 느껴질 시간을 보낼 묘안도 짰던거다. 이래도 도움이 되고 저래도 도움이 될 수 있을만한 방법을 고민한거다. 과연 아이들은 어떻게 받아들이고 어떤 기억으로 남기게 될지 궁금하다. 디지털 기기, 떼어놓고 살 수 없다면 자제하고 조절하며 사용할 수 있도록 돕고 싶다. 아이들만이 아닌 우리 가족의 첫 도전. 과연 어떻게 마무리될까.

피자 두 조각

욕실에서 물이 줄줄 새던 샤워기 줄을 교체하고 있을 때다. 밖에서 아들 소리가 들린다.

"놀라운 소식을 아빠한테 말해줘야지. 어? 아빠 어딨어?"

소리가 커지고 작아지는걸 보니 여기 저기 찾아다니는가 보다. 왠지 잔뜩 들떠 있다. 녀석이 갈아입을 옷을 쥔 채로 욕실에 뛰어들어오는 바람에 하던 일을 멈추고 욕조에 앉아 눈을 맞췄다. 뭐지. 신나고 뿌듯하고 궁금해 죽겠느냐는 듯한 표정이 예사롭지 않다.

"아빠, 오늘 OO형네 놀러갔는데, 저녁으로 치킨이랑 피자를 준거야"
"억, 아들 치킨만 먹었겠구나" (우유 알러지로 치즈가 들어간 걸 못먹는다)
"어, 그치 그랬지. 근데! 나 피자도 먹었다?! 치즈있는 피자. 그것도 두 조각이나!"
(흥분했다) "엥? 진짜? 안가려웠어? 피자 조각은 얼마나 큰 거였는데?"

두 손 손가락으로 삼각형을 만들어 보려는데 그걸로도 작았던지 내 손을 내미니 아빠 손만한 거란다. 그걸 두 조각을 먹었다는 거다.

"와~ 그렇게 큰 걸 두 개나 먹었는데 끝까지 안가려웠던 거야?"
"두 개 다 먹으니까 입가가 좀 가렵더라구. 근데 망고주스를 주셨거든? 주스 마셨더니 가려운 게 없어졌어"

"와하하호호! 와우! 조금씩 괜찮아지는가 보다, 그치?! 어땠어 맛이? 환상적이었겠네"
"히히, 맛은 대충 알고 있었어. 먹으면 가려워져서 못먹었던거지. 맛있더라구"

의기양양하게 이야기를 시작했는데 말하면서 슬슬 쑥스러워 한다. 마치 남들 다 하는 거 이제야 조금 할 수 있게 된 건데 호들갑떤다는 듯이. 녀석을 꼬옥 안아줬다. 궁댕이도 팡팡 두드려줬다.

"우리 아들, 멋지다! 가려운 거 무릅쓰고 시도해보는 바람에 알게 된 거잖아. 대견하다. 그리고 축하해, 정말 축하해. 그간 얘기해왔던 것처럼 시간이 걸려서 그렇지 크면서 나아질 수 있을거야. 이번에 괜찮았다고 다음부터 막 먹지 말고 확신할 수 있을 때까지는 조금씩 조심해서 먹어보자. 피자나 치즈에 따라 반응이 다를 수도 있으니까"
"응!"

욕실을 뛰어나가는 녀석을 보며 갖가지 생각이 든다. 요새 아토피가 제법 좋아졌는데 그것과 관련이 있나 싶기도 하고, 유제품을 쌓아놓고 걸신들린 듯이 먹는 녀석의 모습도 상상한다. 피자 둘레의 빵만이라도 먹고 싶다며 피자를 사달라는 녀석이다. 엄마 아빠 누나가 맛있는 건 다 먹고 자기는 빵만 먹는데도 좋단다. 그걸 처음으로 전부 맛봤으니 어떤 심경이었을까.

어쩌면 내 짐작과는 달리 참다참다 못참았을 뿐일 수도 있다. 어쩌면 책가방에 항상 넣어두는 가려움을 완화시키는 약을 먹었어야 했을 수도 있다. 그렇다 해도 이번처럼 조금씩 도전해보면서 알아갔으면 한다. 더디라도 맛보고 싶은 건 모두 먹어볼 수 있는 날을 꼭 맞기를 바란다. 이 세상에 맛있는 게 얼마나 많은가 말이다!

아이유에게 배우는 방책, 아이와의 약속 뒷 이야기

스마트폰 무단 사용으로 약속을 어긴 녀석들에게 회의를 통해 벌칙을 줬다고 했었다. 아내와 고심 끝에 택한 방법은 다름 아닌 아이유 아버지가 어린 아이유에게 했다던 바로 그 것. 과연 열흘 동안 아이들은 벌칙을, 아니 글밥 책 읽기를 마치고 독후감까지 썼을까? 그리고 그 과정을 벌칙으로만 받아들였을까?

결과부터 말하자면 녀석들은 완수했다. 마치고도 2~4일이 남았다. 딸에겐 나의 라임오렌지나무 한 권, 아들에겐 샬롯의 거미줄 한 권을 건넸는데 아동용 도서라 해도 이백 쪽이 넘는다. 학습만화에 완전히 치우쳐있어서 그렇지 읽는 게 생활화되어 있는 딸내미는 일찌감치~ 여유롭게~ 마쳤다. 첫 날 저녁에 이미 백 쪽을 읽었다고 종알거렸으니까. 예상했던 상황이다.

읽는데 별 관심이 없고 여전히 속도가 느린 둘째는 책을 받아들었을 때 기간내 다 못읽으면 어떡하느냐 울먹였었다. 중간에 아내에게 들은 바로는 읽기는 읽는데 무슨 내용인지 잘 모르겠다고 했단다. 역시 글자를 읽기는 해도 내용 파악이 바로 되는 정도까지는 못미친 상태였나보다. 이레째 되던 날, 퇴근해 늦은 저녁을 먹고 있던 내게 귓속말로 속닥였다. '누나한테는 말하지 마. 아빠아~ 나 책 다 읽었다!' 이미 책 다 읽은 누나에게 왜 말하지 말라는 건지 알 수 없었지만, 대꾸없이 눈짓으로 하이파이브로 축하를 대신했다.

가장 인상적인 대목이 무어냐는 질문에, 딸은 제제와 친하게 지내던 아저씨가 기차에 치어 결국 숨을 거두는 장면이었다 했고 아들은 윌버가 샬롯이 낳은 알주머니를 조심히 챙겨 우리로 가는 장면이었다고 했다. 샬롯이 죽는다는 것도 아들을 통해 알게 됐다. 세상에, 주인공이 죽는 이야기가 여기 있었네.

쓰다 만 것같은 서너줄짜리 독후감도 썼다. 독후감 쓰는 건 나도 쉽지 않으니 썼다는데 의미를 두기로 한다. 맞춤법을 짚어줄까 하다 관뒀다. 이번엔 아닌 걸로. 읽는 동안 녀석들은 책을 계속 챙겼다. 다른 집을 갈 일이 있을 때마다 가져갔고 좀 조용하다 싶으면 어딘가에 앉아, 누워 책을 읽고 있었다. 같은 자세임에도, 아빠의 눈에는 학습만화를 볼 때와 글밥 책을 볼 때가 달라보이더라.

두 녀석 모두 초반에 진도를 많이 빼놔서인지 쫓기고 있다는 느낌도 없었고 덕분에 벌칙으로 이러고 있다 여기지는 않는 듯 했다. 되레 그런거 있잖은가. 읽다보니 빠져들고 그러다보니 순식간에 모두 읽어버렸던 경험. 그런 경험을 녀석들도 하고 있었던 게 아닌가 싶다.

딸이 볼멘 소리를 한 적이 있다. '아빠, 쟤 책 읽을 때 무섭게 빠져드나 봐. 그래서 옆에서 몇 번을 불러도 몰라. 그래서! 에익, 짜증나' 둘째에게 들어보니 정말로 당시에는 누나가 부르는 소리가 안들렸다고 했다. 누나를 골리려고 능청을 떤건지 정말로 집중한 덕에 안 들린 건지는 모를 일이지만, 후자였으면 좋겠다는 바람이다. 그런 경험이 쌓이다보면 책을 읽는 동인으로 작용하니 말이다. 아이유네에게서 배운 방책, 첫 시도는 성공적이다.

오늘 새벽

출근 준비를 하면서 약속한대로 노트북과 음악재생용으로 쓰는 스마트폰에 걸어뒀던 암호를 풀었다. 녀석들은 열흘 간 인내하고 노력했던 결과를 오늘부터 누리고 있을 거다. 아마 딸내미는 익숙하게 라디오를 틀고 '아~ 좋~네, 바로 이 맛이지' 하며 책을 집어들고 있지는 않을까.

사우나가는 길, 무서운 것과 잘해주는 것

점심을 먹고 아내와 딸내미는 약속을 나섰다. 설거지하고 청소기를 돌렸다. 이제는 청소 패턴을 알고 있는 둘째가 알아서 이 방 저 방을 오가며 지루함을 달랜다. 소파에 앉아 내려놨던 커피를 마시는데 이 때다 싶었는지 녀석이 파고든다. 점심먹을 때부터 묻고 있는 거다. 사우나 가자고.

누나가 친구와 수영장을 간건데, 자기는 그런 수영장에 못가니 대신 사우나가서 목욕이라도 하자는 거다. 맞다. 일반 수영장 물에 푸는 소독약때문이다. 아직 아토피가 남아있어 조심하는 중이다. 녀석이 더 조심한다. 여느 아이들이 그렇듯, 둘째도 물 좋아하기로 둘째가라면 서럽다. 최근 수영선생님에게 잘한다는 칭찬까지 받고 있으니 아빠에게 보여주고 싶었을 거다.

아토피에 좋다고 해서 몇 년동안 여기저기 온천을 쫓아다녔었다. 대개의 온천이 남녀 구분되어 있으니 둘이 들어가서 있다 나올 수 밖에 없었는데, 녀석을 오랫동안 온천에 담가두기 위해서라도 열심히 놀아줘야 했다. 그러면 기분은 너무 좋지만 피로는 쌓인다. 온천을 했는데 피곤한 아이러니. 녀석이 사우나를 가자는건 온천할 때처럼 놀아달라는 의미다. 갈등이 일 수 밖에. 게다가 녀석은 부쩍 커버리지 않았나.

어떻게 마음을 돌리나 궁리하던 중에 퍼뜩 드는 생각. 앞으로 이 녀석이 먼저 목욕하러 가잘 때가 얼마나 남았을까 싶은거다. 바로 답은 나왔다. 대답을 듣더니 허벅지에 등을 대고 위를 향해 누워있던 녀석이 이런다.

"나도 나중에 내 아이한테 잘해줘야지"
(뭉클) "어, 그럼 아빠가 아들에게 잘해준다는 거야?"
"그으럼~ 몰랐어? 아빤 나한테 잘해주잖아"

속옷을 넣고 로션과 샴푸를 챙겨 녀석에게 들려주곤 손 꼭 잡고 걸었다. 원래도 말이 적은 편은 아니지만, 기분이 좋은지 유난히 조잘거린다. 넷이 있을 때는 물은 적이 없던 것도 꺼내고 평소 듣고 싶었지만 잘 말해주지 않던 학교이야기도 내놓는다. 남자끼리 있어서 그러는 건지도. 그 김에 나도 평소 묻지 않던 걸 물어본다.

"야, 아들. 그런데, 너 아빠가 사람중에 두번째로 무섭다면서? 그건 잘해주는 거와는 다른 거야?"
"어, 그건 다르지. 무서운 건 화낼 때만 그렇다는 거야"
"그렇구나, 다른 거구나"
"그리고 내가 아직 어른들을 많이 만나보지 못해서 그렇겠지, 더 무서운 사람이 있을 수도 있잖아"

우리가 찾은 사우나는... 놀기에 최적이었다. 손님도 별로 없고 온탕 세 개중 하나는 수온이 38도에 불과한데다 냉탕 두 개중 하나는 수온이 28도다. 게다가 동네 목욕탕치고는 냉탕이 무척 길다. 한쪽 끄트머리에서 사람이 없는 때를 골라 신나게 놀았다. 물이 그리 차지 않으니 나도 정신줄 놓고 놀게 되더구만.

수영선생님에게 칭찬받았다는 평형하는 모습을 보며 기특하면서도 부러웠고 접영한다면서 어설프게 설치는 모양을 보며 엄지 척도 해줬다. 오길 잘했다. 그래봐야 그 시간은 몇 분에 불과. 나머지는 모두 몸싸움이다. 이리 메치고 저리 메치고 누르고 밀어서 있는대로 물을 먹어도 늘 그랬듯이 죽자사자 달려든다.

한 시간이 지나자 겁날 정도로.

시계를 보니 몸놀이만 한 시간 반을 하고 있었다. 어쩐지 몸이 말을 안듣더라니. 녀석 등을 밀어주며 충분히 놀았느냐 물었더니 그렇단다. 휴~ 아니라고 했음 어쩔뻔. 목욕 후 근처 편의점 앞 테이블에 앉았다. 음료수 하나씩 물고.

"아~ 뽀송뽀송하니 좋네! 아들, 같이 목욕가자고 해줘서 고마워"
"그게 뭐가 고마워? 내가 고맙지"
"아니... 앞으로 네가 목욕가자고 할 날이 얼마나 있을까 생각해보면 그렇더라구"
"이야~ 오늘 하고 싶은 거 다 하네. 이제 하나만 하면 되는데... 아빠, 이제 집에 들어가서 뭐 할거야?"
"하하하하, 이 짜식 좀 보게?!~"

엄마표 도시락

아침 7시 50분

할로윈 분위기의 김조각이 아니었음 밋밋했을 주먹밥이다.
치즈처럼 쫄깃하게 밥이 뜯어진다.
쏟아지는 불고기. 속이 꽉 찼다
다른 하나는 멸치볶음이다.
화룡점정 문어소시지.
음~ 콧소리가 절로 난다.

전날 밤

두 녀석 드럼학원 갔다 잠깐 집에 들러 저녁을 먹고 둘째 평일미사를 데리고 다녀오면 8시 반이 넘는다. 다음날은 학교에서 2박3일로 가을들살이를 가는 날이라 짐을 싸야 한다. 아이들도 제법 거들며 서둘렀는데도 마친건 밤 아홉 시가 훌쩍 넘어서다. 그제야 한숨 돌리던 아내가 혼잣말처럼 꺼낸다.

"휴... 그렇네, 내일 새벽에 쌀 도시락 준비를 해야 하는구나..."

아이들이 도시락을 싸야 하는 날이면 아내는 다섯 시 또는 다섯 시 반에는 일어나 도시락을 준비한다. 옆에서 보기에도 힘들어 보인다. 그런 경우가 몇 차례

돌았을 무렵부터는 한 소리씩 했다. 김밥가게 가서 사오자고. 어쩌다 한두번은 괜찮다고. 그리고보니 조금 전에 치즈를 밥 위에 어떻게 해달라는 둥 딸내미가 하는 소릴 들었다. 속상했다. 나도 모르게 또 뱉었다. 이번엔 사자고. 내가 다녀오겠다고. 채근이 반복되자 아내는 정색했다.

"대안이 될만한 소리를 해줘야지 뭐야 그게. 내일 점심먹을 거를 지금 사다두라고?"

이제까지 빠짐없이 직접 챙겼고 한 번인데 어때라는 말은 웅얼거리다 입속에서 사라지고 말았다. 뭔가 분위기가 서늘해서 둘러보니, 아들은 입이 댓발나왔는데 표정관리하고 있고 딸내미도 너무하단 얼굴이다. 서운했나. 그럴만 하지만 어쩔 수 없다. 그게 솔직한 내 속이다. 서운한지 묻지 않았다. 그러기 싫었다.

아이들이 잠자리에 든 새 아내는 앞치마를 두르고 주방에 서 있다. 고개를 기역 자로 숙인 채 수행하듯 뭔가를 채 썰고 있다. 이리 와서 한 번 보라며 도마를 가리킨다. 2밀리미터 밖에 안될 듯 촘촘하게 썰린 당근조각이 수북하다. 날 보더니 싱긋 웃으며 '굉장하지?' 하고는 또 썬다. 등을 쓰다듬어 줬다.

다음날 새벽

꼭 닫혀있는 안방 문 사이로 고소한 냄새가 파고든다. 아내는 도시락 준비를, 딸내미는 책을 읽고 있다. 물었다. 어제 서운했으냐고 엄마가 도시락 안싸주면 싫으냐고. 그렇단다. 엄마 생각 끔찍하고 쿨한 녀석인데, 그렇단다. 이랬다 저랬다 말해주진 않아도 엄마가 새벽부터 일어나 정성들인 도시락은 녀석들에게도 큰 의미인가 보다.

녀석들도 크리스마스의 악몽 분위기 해골 주먹밥에 문어소시지 도시락을 까먹고 있을거다. 쫀득한 밥 속에 가득한 불고기와 멸치볶음을 만나며 나처럼 느끼고 있을까. 문어 소시지를 맛보면서 음~ 콧소리를 내고 있을까.

사건일지

일요일 아침 6시

"엄마, 게임해도 돼?"

둘째 녀석 속닥이는 소리에 깼더니 아내가 짜증뭍은 소리로 몇 시냐 묻는다. 당연히 묻는게 아니었다. 아침 여섯시라는 답을 듣더니, 욱 올라오는걸 참는게 느껴진다.

"여덟 시 이후에 해"

금, 토, 일 한 시간씩은 녀석들에게 약속된 게임 시간이긴 하지만 타이밍 참 너무 못맞춘다. 눈치가 없는거야 순진한거야. 여하간 너무 했다. 아내가 아니었어 더라도 내가 이따 하라 그랬을거다. 하지만 녀석은 입이 댓발 나왔다. 몸을 팅기며 들릴락말락 짜증을 내더니 밖으로 나가버린다. 다시 잠들었고 여덟 시 넘어 일어나 거실 소파에 앉았다. 음, 아내 기분이 심상치 않다. 무슨 일이 있다. 안방으로 들어가더니 게임중인 아들내미에게 이런다.

"뭐해, 갈 곳은 정했어? 네 짐은 나중에 갖다줄테니까 갈 곳부터 정해서 말해. 내려줄테니까"

이런, 사달이 났었구나. 뭐지.

일요일 아침 9시

난감해하는 표정의 아들에게 사정을 들었다. 자기가 거짓말을 해서 엄마가 화났다며. 여섯 시에 그러고 나와서는 음악재생용으로 쓰는 공 스마트폰으로 인터넷 검색을 하고 있다가 방에서 나오는 엄마에게 딱 걸린거다. 바로 내려놨지만 그냥 넘어가나.

"너 스마트폰 했지?"
"안했어, 그냥 만지기만 했어"
"그래?"

공기계를 만졌더니 뜨끈했고 인터넷 검색창을 살펴보니 아이언맨 등등 둘째의 관심사에 관한 검색어가 줄줄이였단다. 나중에 아내에게 들었더니 이런 경우가 처음이 아니었고 반성하는 기색이 없으며 엄마를 업수이 여기는 행태가 계속되는 등 그간 참아오던 여러 가지가 한데 섞이면서 폭발했단다. 거짓말하는 자식은 데리고 있지 않는다 몇 차례 말해오기도 했고 번번이 당시만 모면하고 마는 것 같은 녀석에게 단단히 알려줘야 한다 싶었던 걸까. 짐을 싸라고 했단다. 네가 갈 곳 정해서 말하라고. 데려다 주겠다고.

처음 몇 번은 평소처럼 대수롭잖게 여기던 녀석이, 굳은 표정의 엄마가 진지하게 반복해 말하는 것을 듣게 되자 당황하기 시작했던 것 같다.

일요일 오후 12시

아들이 방으로 부른다. 방 밖에서는 아무렇지 않은 척 행동하더니, 방 안에서는 난감한 표정이다.

"아빠, 잘못했다 하고 화해하고 싶은데 방법을 잘 모르겠어. 가서 말할래도 엄마가 안들어줄 것 같아"
"음... 그렇구나... 손편지는 어때, 손편지도 방법이 되지 않을까?"
(마뜩잖아하는 눈치다) "손편지?"
"응, 말로 전하기 어려우면 편지로 써서 전달해보는 거지"
"응..."
"한 번 더 생각해봐. 편지는 방법중 하나일 뿐이니까. 혹시 도움 필요하면 또 부르고"
(방을 나서며) "편지지 필요해?"

녀석은 빙긋 웃으며 고개를 저었다.

월요일 아침 9시

아내에게 어제 둘째가 뭐라 그랬느냐며 카톡이 온다. 위의 상황을 조곤조곤 설명해줬다. 아내 속도 속이었겠는가만은 아직도 화가 안풀렸다. 아내 심경도 모르겠는 바 아니다.

월요일 오후 7시

퇴근했더니 아들과 아내 사이만 싸할 뿐 여느 때와 비슷하다. 음, 아들이 의식적으로 아무일 없는 듯 약간 과장되게 행동하고 있다는 건 느껴진다. 엄마를 의식해서 일거다. 소파에서 오무라이스 잼잼을 읽고 있던 딸내미와 포옹을 하는데, 큰 애가 귓속말을 전한다.

"아빠, 동생이 내게도 방법을 묻길래 나도 편지가 어떻겠냐고 했거든? 아빠처럼? 이따 걔 좀 도와줘. 엄마랑 화해하게"
"호오, 그래 알았어"

얼마 지나지 않아 아들이 방으로 부른다. 괴로운 듯 이부자리에서 몸부림을 치고 있던 것 같다. 이번엔 아내의 화가 오래 갔기 때문일거다. 녀석의 갖은 알랑방귀에도 이번에는 꿈쩍않았으니까.

"아빠, 편지를 써도 엄마가 안받아줄 것 같아"
"둘째야, 미안함을 전해보지도 않으면 엄마가 어찌할지 알 수 있는 방법이 있니?"
"아니..."
"그렇다면 뭐라도 해보고 엄마의 반응을 살피는 게 낫지 않을까?"
"아니 그게 아니라~ 그렇게 해도 엄마가 나 진짜 갖다 버릴까...?"
"음... 아빠 생각에는 엄만 절대 너를 다른 데 놓고 오거나 하지 않을 거라고 생각해. 다만 네가 화해하려는 행동을 하지 않는다면 나아질 때까지 오래 걸릴거야. 그렇담 어찌되든 한 번 해보는게 어떨까 싶어"
(표정이 조금 풀어지는 것 같다) "응"

거실로 나왔는데 조르르 따라 나오더니 내게 편지 쓸 종이를 찾아달란다. 예쁜 보랏빛 종이 한장을 쥐어줬고 녀석은 다시 방으로 뛰어들어갔다. 녀석의 편지는 길지 않았지만, 나름 맞춤법도 봐달라가며 신경써서 썼다.

월요일 오후 9시

녀석은 편지를 거실 탁자 위에 올려놨다. 눈에 너무 띄지 않는 곳이길래 가져다 아내에게 전해줬는데, 나중에 알고 보니 아침에 일어나 편지를 막 찾더란다. 자기가 직접 전하려고 그 곳에 뒀던 거다. 편지를 읽을 때만 해도 내용에 미안하다 잘못했다는 말만 있을 뿐 무엇에 관한 얘기는 없지 않느냐는 둥 트집을 잡는데, 틀린 말이 아니니 뭐랄 수도 없다. 그래도 분위기나 내는 소리가 누그러졌다는 건 알겠다. 녀석은 다음 날 있을 화해를 위한 디딤돌을 놓는데 어쨌든 성공했다.

다음날 저녁, 녀석은 사과하며 울먹였고 아내는 그런 둘째를 깊게 안아줬다. 둘만 남았을 때 아내는 그랬다. 뭐에 씌였던 것 같다고. 엄청 미안하다고. 버려질 수 있다는 불안을 이용해 아이를 몰아세웠다며 자책했고 다시는 이러지 않으리라 다짐했다.

그 후 둘째랑 아내? 여전히 '쟤 내 말 너무 안들어'라고 하면 '내가 언제에~' 하고 있다. 아내는 사뭇 진지한 표정이고 둘째는 웃음기가 섞인 표정이다. 언제나 그렇듯 딸내미는 중간에서 분위기 살핀다. 티격태격하면서도 새벽 공기, 저녁 공기 가르며 미사도 다니고, 가끔 폭발하지만 아이에게 불안을 일으키진 않는다. 또 서로 조금씩 성장했다.

말린 망고

하교 픽업을 갔다. 두 녀석이 뒷자리로 뛰어든다. 차 안에 엄마랑 셋밖에 없는데도, 딸내미가 동생에게 학교 애들한테 말하지 말라며 나지막이 속삭인다. 잠바주머니를 뒤적여 꺼내든 것은 말린 망고 한 조각. 해외여행을 다녀온 같은 반 친구가 나눠준 거란다. 그걸 동생에게 내민다.

"이거 너 먹어"
(놀란 아내) "뭐야? 망고 말린 거? 너도 먹어야지 왜?"
"응, 나도 하나 먹었어. 얘가 이거 엄청 좋아하잖아. 생각나서"
"어유, 그런 생각을 다 했어... 에그..."

얼른 받더니 입에 넣고 질겅거리는 둘째 녀석을 보고 아내가 그랬다.

"이그~ 것 봐라. 세상에 이런 누나가 어딨냐?"
(엄마 말이 채 끝나기도 전에) "없지"
"근데, 또 없어?"

말하면서 저도 어이없다는 듯 웃는다. 녀석이 생각하기에도 철없단 생각이 들었나보다. 누나도 무척 좋아하는 과일임을 녀석도 잘 알고 있다.

맨날 저리 좀 가라며, 귀찮다며, 싫다며 여느 형제자매들처럼 툭탁거린다고만 생각했다. 훗날 우리 가고 나면 세상에 둘만 남을테니 잘 지낼 수 있도록 도울 방법을 딱히 찾지 못하고 있었는데, 고민을 조금 덜었다.

나도 나중에 살림해야 하니까 연습해야지

목요일. 둘째가 엄마와 저녁미사 가는 날이다. 이제 2주 남았다. 저녁 먹고 치우는데 딸내미가 묻는다.

"아빠 오늘도 뉴스 볼거야?"

그 말을 들으며 스캔을 해보니, 설거지가 있고 세탁기가 돌아가고 있으며 거실에 놓은 빨래건조대 위로 개둔 세탁물들이 놓여있다. 베란다에도 남은 게 있는 것 같다.

"엄... 설거지하고 빨래 걷어 갠 후에 보려고. 아, 지금 돌아가고 있는 빨래도 널어야는구나"
"응"
"딸이 손 보태주면 빨리 끝나겠지, 어때? 설거지? 빨래 걷어 개기?"
"설거지!"
"옥께이, 좋아! 근데 잘 골랐다 너, 빨래 갤 것 엄청 많은데"
"설거지하고 나서 도와줄께"

쿨하게 즉답하더니 소매를 걷어 올리며 혼잣말처럼 중얼거린다.

"나도 나중에 살림해야 하니까 연습해야지~"
"오웁, 딸내미, 살림하게에?"
"그럼 해야지이"

연습... 아이들에게 종종 하는 말이다. 좋은 습관을 가지려면 꾸준한 연습과 훈련이 가장 좋다고 자주 얘기한다. 지금은 귀찮고 어려워도 연습해서 몸에 붙이고 나면 자동으로 할 수 있게 되는 거라고. 지금 아니라 언제가 됐건 귀찮고 어려운 과정은 거치게 되는 거라고. 모든 것을 그리할 수는 없겠지만, 필요한 습관을 만들고 싶을 때 그래본 경험이 있느냐 없느냐는 차이가 꽤 크다고. 딸내미가 상념을 깬다.

"아빠, 음악 좀 틀어줄래? 그거 있잖아. 엄마는 별로 안좋아하는 거"
"아항, 어제 들었던 거? 알았어"

동그란 스피커에서 오리엔탈쇼커스의 노래가 흘러나온다. 경쾌한 리듬이 매력적이다. 씽크대에서 물을 틀면 노래가 안들릴거다. 볼륨을 조금 높인다. 기분이 좋다. 음악에 맞춰 소심하게 어깨도 씰룩인다. 그 때, 설거지하며 돌아보지도 않은 채 딸이 그런다.

"그래, 이 노래지이"

설거지를 하고
널어둔 빨래를 걷어다 갠 후
딩동거리는 세탁기에서 탁탁 털어낸 옷가지들을 건조대에 널은 부녀는
나란히 TV 앞에 앉아, 삼분의 일은 지나버린 8시 뉴스를 보면서 도란거렸다.

남편들이란

청소를 비롯해 집안일에 대해 가끔 쓴다. 자주 안하다보니까 어쩌다 하게되면 스스로 대견해서기도 하고 솔직히 칭찬받고 싶기도 하고 그래서다. 그래야 다음을 기약할 동인도 얻고 어쨌거나 이런저런 도움이 된다 믿고 있다.

내 경우는 이유를 만들어야 한다. 안그랬다간 '아내가 할 일을 도와주고 있다'는 생각으로 어느새 돌아와버리기 일쑤다. 돕고 있다 생각하기 시작하면 점점 하기 싫어지고, 깔끔한 마무리는 더 안되고, 아내에게 건네는 말투도 달라진다. 서로에게 좋지 않다. 하고도 욕먹고 그로 인해 신경전이 발발할 여지도 다분하다. 생각이 그리로 가지 않도록 하는게 상책이다. 그게 잘 되느냐면 잘 안된다. 맞다. 귀찮다. 여전히 자주 잊는다. 사실, 잊었다며 둘러대기도 한다.

풀타임 근로는 아니지만 우리도 맞벌이다. 그럼에도 아내가 가사분담에 대해 직접적으로 표현하는 경우는 무척 드물다. 표현을 한대도 '네가 해야 할 일을 하라는 거야' 라며 당연하다는 듯 전하는 경우는 없다. 되레 '괜찮으면... 도와주면 좋겠는데' 라거나 '해줄 수 있어?' 라고 말한다. 아내에게 건넨 적은 없던 것 같지만, 그 때마다 고맙다. 그래서 더 미안하고.

아내의 이런 태도는 두 가지 현상을 일으킨다. 먼저 소파에 앉아있다가도 뭔가를 하고 있다가도 아내가 분주하면 오줌마려운 강아지마냥 이리저리 다니게 된다. 아무렇지 않을 때는 아이들과 놀고 있거나 회사 일을 할 때 정도. 할 일을 좀 알려주면 좋겠는데, 십중팔구는 손짓이나 고갯짓으로 괜찮으니 네 할 일하라는 신호를 주기 일쑤다.

그래도 불편하다. 괜히 가서는 좀 쉬었다 하라는 둥 이제 그만 하라는 소리나 하다가 일 마칠 즈음 차 한 잔 마실거냐 묻곤 끓여내는 게 고작이지만, 집안일이 눈에 보이지 않는 노동이 되지 않도록 해준다. 관심있게 들여다 보도록 해준다.

다른 하나는, 아주 느리지만 조금씩 집안일을 더 하게 만든다는 거다. 주의깊게 살펴보다보면, 보는 자체로 알게 되는 요령들이 있다. 또 나도 어렵지 않게 할 수 있는 일과 습관이 안들어 하는데 시간이 많이 걸리는 일도 구분하게 된다. 알게 된 것을 얼마나 자주 사용하는가는 또 다른 문제이긴 하지만, 뭘 어떻게 해야 하는지 알게 되면 아무래도 행동으로 이어지기 쉽다.

그래도, 아내들의 '남편들이란~' 표현은 계속 된다. 이런 때 말이다.

집안 전체 물걸레질 한 것까지는 좋았는데, 걸레는 빨지 않고 던져놓는다거나
아내가 며칠 전에 세면대랑 변기는 닦았다고 그거 빼놓고 욕실 청소를 한다거나
설거지는 잔뜩 해놓고서 행주는 개수대 바로 옆에 그대로 둔다거나

여보,
타박할 땐 하더라도 대체로는 지금까지처럼 오구오구 해줘요.
아이들에겐 어릴 적부터 시작과 마무리까지 잘 가르칩시다.
이번 생에서는 남편한테 계속 알려주고 가르쳐주는걸로. 히히

닭강정과 고약한 취향

얼마 전 둘째 복사단 입단식 뒷풀이에서 오랜만에 닭강정을 맛봤는데, 오호라 만석닭강정만큼 맛이 좋더렸다?! 여기 브랜드가 뭔데 닭강정이 이리 맛있느냐 물어보기도 했지만, 김밥과 닭강정을 제법 잘 먹던 모양을 아내가 놓칠 리 없다.

그 후 어느 날, 아내에게 카톡이 왔다. 애들 학교 반모임에 가야 해 저녁으로 닭강정을 사다놨으니 '꼭' 밥이랑 같이 먹으라고. 느낌표가 꼭에 하나도 모자라 무려 세 개씩이나 붙여 보냈다.

아내가 강조에 강조하는 데는 이유가 있다. 치킨류와 밥을 한데 안먹으려 하는 내 취향때문이다. 식성이 별나다면 별난데, 그중 하나 꼽으라면 육해공이 섞인 음식을 안좋아한다. 특히 육류와 해산물이 섞인게 그렇다. 비슷한 맥락에서, 치킨은 밥과 같이 먹는 음식이 아니다. 맥주 마실 때 곁들이는 안주이지 않나. 같이 먹어봐도 맛이 없다. 밥맛도 치킨 맛도 제대로 느끼기 어렵기 때문이기도 하다.

아내가 짚는 바람에 이런 취향이 있다는 걸 알게 됐었다. 별나다 생각해본 적 없는데, 자꾸 듣다보니 까탈스럽게 느껴지기도 한다. 이런 장면을 만날 때마다 아내는 혀를 끌끌 차면서 '그렇지, 내 그럴 줄 알았지' 라며 타박아닌 타박을 준다. 이 상황이다보니, 느낌표를 네 개나 붙이게 된거다.

몇 정거장 안남겨뒀을 때 아들에게 문자가 온다. 어디냐며. 누나와 둘이 있을 때면 전에도 이렇게 문자를 보냈기 때문에 대수롭지 않게 생각하곤 어디인지 답자를 줬다. 얼른 오란다.

지하철을 빠져나와 집으로 걸어가고 있는데 다시 휴대폰이 울린다. 아들내미 문자를 받은 지 십오 분도 안됐는데. 이번엔 딸이 문자를 보냈다. 혹시나 싶어 전화를 걸었다.

"여보세요, 딸, 무슨 일 있어?"
"아니, 아빠, 지금 어디쯤 왔어?"
"엄... 개천 건너고 있어. 왜?"
"아빠 빨리 와, 동생이 닭강정 다 먹겠어!"
"어호호허호호~ 엥? 너희 저녁 안먹고 여태 있었던거야? 너도 얼른 먹고 있어"
"아냐, 난 아빠오면 같이 먹을래"

난 당연히, 녀석들이 저녁을 먹었다고 생각했다. 녀석들은 김이 모락모락 오르고 달콤한 냄새가 흐드러지는 닭강정을 앞에 두고 기다리고 있었나보다. 둘째가 무너진 때는 아직 몇 정거장 남았어라는 답자를 받은 직후였나 보다. 너무 오래 기다려야 하고 배는 너무 고픈 것 같고. 엄마가 나가면서 단단히 단속을 했는지 모를 일이지만, 차마 먼저 먹고 있겠다는 말은 못하겠던가보다. 냄새는 코를 간질이고 눈은 식탁에서 떨어지질 않고 결국 손을 한 번 대고 말았는가보다. 그 모양을 본 누나는 분명 한 소리했을거고. 고리눈을 뜨고 헤헷거리는 동안 두 번, 세 번 손이 가고 말았을거다.

그날 저녁은 매콤한 맛 닭강정으로 만족해야 했다. 하긴, 그게 어디냐.

왜 두 마리를 낳았어?
ⓒ김호동

발행일	2022년 1월 7일 (초판 1쇄)
지은이	김호동
편집	김호동
디자인	김호동
발행인	민승원
발행처	인디펍
출판등록	2019년 1월 28일 제 2019-8 호
주소	61180 광주광역시 북구 용주로 40번길 7 (용봉동)
이메일	cs@indiepub.kr
대표전화	070-8848-8004
팩스	0303-3444-7982
ISBN	979-11-6756-060-5 (03810)

▷ 이 책 내용의 전부 또는 일부를 재사용하려면
　반드시 저작권자와 인디펍 양측의 동의를 받아야 합니다.
▷ 잘못된 책은 구입처에서 바꾸어 드립니다.
▷ 정가는 뒤표지에 표시되어 있습니다.